PASS CONCOURS FONCTION PUBLIQUE

Fonction publique

Mode d'emploi

Dominique Berville
Conservateur territorial des bibliothèques
Formatrice

FOUCHER

Mode d'emploi pour télécharger les corrigés

foucherconnect.fr

Votre Pass Foucher s'enrichit de ressources numériques

Lorsque je rencontre le pictogramme

corrigés
foucherconnect.fr/2020PassFPModeemploi01

1. Je vais sur **www.foucherconnect.fr**
J'enregistre cette page dans mes favoris pour les prochaines fois.
2. Je saisis **le code de la ressource** indiqué dans le pictogramme.
3. **Je visualise** ma ressource.

Des FLASHCODES permettent aussi d'accéder aux ressources depuis un smartphone

ISBN 978-2-216-15828-7

SOMMAIRE

Partie 2
ENTRAÎNEMENT

Partie 3
CORRIGÉS

 # corrigés
foucherconnect.fr/2020PassFPModeemploi01

De l'administration royale à la fonction publique d'État

Fiche

Les origines de l'appareil administratif français – et par conséquent de son premier principe fondateur – sont particulièrement anciennes. Il s'agit, dans un premier temps, pour les monarques et empereurs, d'assurer la dissémination de leur volonté sur l'ensemble de leur royaume, de maintenir l'unité de leur territoire et de leur population, mais aussi et surtout de percevoir les taxes et impôts.

1 Du XIIIe siècle à la Révolution de 1789

- Dès le Moyen Âge (XIIIe siècle), la construction de l'État français a nécessité une **administration** et des **agents administratifs** au service de la monarchie.
- Aux origines, la majeure partie des fonctions administratives royales est exercée dans le cadre de fonctions temporaires de l'administration publique achetées (dénommées « offices ») et tenues par des « **officiers** ». Puis, au fur et à mesure que s'affirme le pouvoir monarchique, l'office se transforme en fonction permanente, héréditaire et propriété d'un officier titulaire et inamovible (sauf pour faute grave), menant la royauté à perdre peu à peu le contrôle du système.
- Afin d'endiguer ce phénomène, une administration parallèle menée par les **commissaires**, titulaires d'une commission (charge temporaire) est créée aux cotés des officiers au XVIIe siècle. Les commissions sont attribuées à des commissaires nommés par le roi, agents placés directement sous son autorité, révocables à tout moment. Cela entraîne progressivement la **constitution d'une administration d'État plus centralisée**.
- Mais la Révolution française, abolissant les privilèges, supprime le système des « offices » et instaure le principe d'égal accès à l'administration publique sans autre distinction que celle des talents par l'article 6 de la Déclaration des droits de l'homme et du citoyen de 1789. **Désormais, une charge (ou fonction) administrative ne peut plus ni se vendre ni se transmettre de père en fils.**

2 La lente création d'un statut de la fonction publique d'État

- Sous le Consulat (1799 – 1804), Napoléon Bonaparte met en place de nouvelles institutions qui parviendront jusqu'à nous, notamment quatre niveaux de divisions territoriales dont les fonctionnaires sont nommés par le Premier Consul.

Fiche

■ Le **préfet**, agent du gouvernement en province, est placé à la tête du département, assisté d'un conseil général et d'un conseil de préfecture. Dans l'arrondissement est nommé un sous-préfet qui a pour mission d'exécuter les ordres du préfet. Préfets et **sous-préfets** peuvent être révoqués à tout moment par le Premier Consul dont ils dépendent entièrement. Ni acquisition de charges, ni élection aux emplois publics. Désormais, **le Gouvernement nomme tous ses fonctionnaires d'État**.

■ Il n'existait pas « d'esprit administratif » sous l'Ancien Régime. Mais avec la nomination des agents d'État, l'établissement d'une hiérarchie des traitements correspondant à une hiérarchie des fonctions, reposant sur des règles précises d'avancement, une discipline fondée sur un ensemble cohérent de règlements et une uniformisation entre les différents services publics, des règles communes s'élaborent peu à peu. Le principe des circulaires, de l'enregistrement du courrier, de la fiche et du registre se retrouvent dans tous les services publics.

■ Après l'empire napoléonien, l'instabilité politique du gouvernement explique que, malgré la mise en place progressive de corps divisés en grades ou classes avec des règles souvent proches d'un corps à l'autre, il n'existe pas de texte général sur la fonction publique malgré nombre de projets à partir des années 1880 (IIIe République).

■ Les fonctionnaires sont remis au cœur du débat politique au tournant du XXe siècle autour de la question des droits et devoirs du personnel de l'État. Avec l'augmentation de l'activité de l'État tout au long du XIXe siècle, les fonctionnaires sont devenus plus présents dans le quotidien et les hommes politiques se questionnent de plus en plus sur leur rapport à l'État. Progressivement l'idée émerge d'unifier sous un même statut l'ensemble de ces agents, qui, jusqu'ici, ont seulement en commun, le fait d'être employés par l'État.

■ **En 1946, la loi du 19 octobre** relative au statut général des fonctionnaires, élaborée par le Gouvernement provisoire de la République française et adoptée par l'Assemblée nationale constituante fixe **le premier statut des fonctionnaires d'État**. Le statut de 1946 poursuit deux ambitions essentielles :

– d'une part, **un objectif de rationalisation**, traduit par la finalisation du processus d'unification (des règles identiques pour tous les agents) et celle du processus de professionnalisation (normalisation de la carrière des agents) :

– d'autre part, **un objectif de démocratisation** : l'ambition est de faire du fonctionnaire un citoyen comme les autres, en lui donnant les mêmes droits que les autres salariés. Cette démocratisation se situe aux antipodes de la logique bureaucratique fondée sur la hiérarchie.

■ Le statut général de 1946 introduit de très nombreuses garanties pour les fonctionnaires en matière de rémunération, d'emploi, de carrière, de droit syndical, de protection sociale et de retraite. La novation la plus surprenante aujourd'hui était, pour la première fois, la définition d'un « minimum vital » (du SMIC aujourd'hui).

■ À partir de cette date, le terme « fonctionnaire » désigne ceux qui sont employés sous ce statut, la fonction publique désignant tous les personnels des services publics, qu'ils soient fonctionnaires ou non.

■ À la suite de l'entrée en vigueur de la nouvelle Constitution du 4 octobre 1958, ce statut général est remplacé par l'**ordonnance du 4 février 1959**, qui ne concernait que les fonctionnaires de l'État (1 105 000 agents publics).

■ Enfin, le statut général des fonctionnaires d'État fait l'objet d'une refonte globale entre 1983 et 1986 au moyen des quatre lois qui, désormais, le constitue :

■ **la loi du 13 juillet 1983** portant droits et obligations des fonctionnaires, dite loi Le Pors, **commune aux trois fonctions publiques** et formant le ***Statut général des fonctionnaires*** ;

– **la loi du 11 janvier 1984** portant dispositions statutaires relatives à la fonction publique de l'État ;

– **la loi du 26 janvier 1984** portant dispositions statutaires relatives à la fonction publique territoriale ;

– **la loi du 9 janvier 1986** portant dispositions statutaires relatives à la fonction publique hospitalière.

Fiche

Du serviteur communal au fonctionnaire territorial

L'histoire des « agents locaux » est intriquée à celle des communes et des villes depuis le Moyen Âge. Néanmoins, à la différence des agents royaux, pour ces « agents locaux », il ne fut jamais question d'office permanent, héréditaire et propriété d'un officier titulaire et inamovible, ni même de statut unique avant l'Acte I de décentralisation.

1 Du serviteur communal à l'agent communal

- C'est au Moyen Âge que les premiers « **serviteurs communaux** » apparaissent, avec la croissance des communautés et des villes. Mais qu'ils aient été serruriers, sonneurs de cloche ou maîtres d'école au XVe siècle, secrétaires-greffiers et piqueurs de travaux au XVIIIe, préposés à l'octroi, croque-morts, concierges, garçons de bureau, commis aux écritures ou secrétaires de mairie au XIXe siècle, ils étaient dépourvus de toute garantie, liés à leur employeur (échevin, consul, bourgmestre...) par un contrat en tout point comparable à ceux offerts aux employés de droit privé, dépendant pour l'essentiel de décisions locales.
- Alors que sous le Consulat, Napoléon Bonaparte veille à mettre en place une fonction publique d'État nommée et dotée de règles communes, les agents communaux ne suivent qu'avec retard l'évolution de la situation des fonctionnaires de l'État, dans des conditions inférieures et un cadre administratif instable, et ce quasiment jusqu'à la fin du XIXe siècle.
- Le premier texte faisant référence aux agents communaux est **l'article 88 de la loi du 5 avril 1884** relative à l'organisation municipale qui énonce : « Le maire nomme à tous les emplois communaux pour lesquels les lois, décrets et ordonnances actuellement en vigueur ne fixent pas un droit spécial de nomination. Il suspend et révoque les titulaires de ces emplois. [...] ».
- Cette conception de libre recrutement attribué au maire explique que le personnel communal soit nommé « selon des critères locaux, sociaux, familiaux, affinitaires ou méritocratiques » (Emmanuel Ballanger).
- En 1889, l'arrêt Cadot du Conseil d'État du 13 décembre en fait des agents de droit public, inaugurant un « statut » jurisprudentiel.
- Une grande grève des agents communaux est à l'origine de la **loi du 23 octobre 1919 qui impose aux communes de plus de 5 000 habitants** de doter leurs agents d'un statut, et fixe les principes encadrant ce dernier ; à défaut, un statut-type est appliqué d'office. La loi prévoit le recrutement du personnel par concours et des tableaux d'avancement. L'autorité supérieure est le maire, qui préside le jury de ces concours. Les promotions au

grade supérieur relèvent de son seul choix. En 1930, cette obligation d'un statut est étendue aux autres communes.

■ Si en 1946, **la loi du 19 octobre dote les fonctionnaires de l'État d'un statut général** fondé sur le principe de la carrière et de la séparation du grade et de l'emploi, il ne s'étend pas aux agents locaux, toujours sans garantie d'emploi organisée.

■ Il faut attendre **la loi du 28 avril 1952 portant statut général du personnel des communes et des établissements publics communaux** pour que soient établies des prémices de statut pour les personnels locaux (codifié dans le livre IV du Code des communes). La loi reconnaît les syndicats ; crée les commissions paritaires ; prévoit l'avancement, la rémunération et la discipline. En revanche, la mutation n'existe pas, confirmant la conception d'une fonction publique locale fondée sur le système de l'emploi et non de la carrière.

2 De l'agent communal à la fonction publique territoriale

■ Dès les XII-XIIIe siècles, avec les premières villes franches, apparaissent des « agents communaux », seul personnel public local jusqu'à la loi du 2 mars 1982. Sur le plan du personnel, avant la loi de 1982, le principal employeur public local était les communes, circonscriptions administratives et collectivités majoritaires de la France.

■ Les départements constituaient également des circonscriptions administratives et des collectivités depuis une loi du 10 août 1871. Cependant, en ce qui concerne le personnel, il convient de distinguer, d'une part, un personnel constitué de fonctionnaires de l'État, notamment sur les postes d'encadrement, placé directement sous l'autorité du préfet. D'autre part, le personnel propre au département, assez réduit, pour lequel aucun statut général commun à tout le personnel proprement départemental n'était imposé par les textes. Sa situation était donc déterminée par chaque conseil général. Un statut-type prévu par un décret du 1er août 1964, inspiré s'inspirait largement du statut de 1952 du personnel communal, servait cependant de référence, première reconnaissance en quelque sorte du personnel départemental.

■ Les régions, avant 1982, étaient des **établissement publics régionaux (EPR)**, ni des circonscriptions administratives ni des collectivités territoriales, dont l'exécutif était le préfet de région. Le personnel des EPR était en principe du personnel de l'État, mis à disposition des EPR. L'établissement n'employait que rarement du personnel propre et, lorsque c'était le cas, aucun cadre statutaire général ne leur était spécifiquement applicable. Il était cependant recommandé de s'inspirer des statuts-types applicables aux agents des départements.

■ Avant 1982, il existait donc des cadres statutaires d'une grande diversité applicables aux « agents locaux », dont le plus important, servant de réfé-

Fiche

rence, était celui des agents communaux (1952), lui-même inspiré du statut général des fonctionnaires de l'État (1946). Néanmoins, bien que le cadre statutaire de 1952 se soit inspiré directement du statut général des fonctionnaires de l'État, la qualité de fonctionnaire n'était pas reconnue aux agents communaux, qui ne pouvaient alors être nommés qu'« agents publics » communaux.

■ De plus, ce cadre statutaire disparate s'avérait très différent de celui des fonctionnaires de l'État, notamment parce que **la gestion des agents locaux**, quelle que soit leur collectivité, **reposait sur une « logique d'emploi » et non une « logique de carrière »**. L'une des conséquences en était, par exemple, l'absence de garantie d'emploi organisée : le recrutement d'un agent était décidé dans un emploi au niveau local d'une collectivité (commune ou département) et cet emploi pouvait être supprimé sans qu'aucun dispositif de reclassement ne soit véritablement organisé par les textes. De même, aucune procédure de mobilité n'était réellement garantie, qu'il s'agisse de mobilité entre collectivités du même type (comme entre communes) ou entre collectivités de type différent (de commune à département, par exemple) ; l'agent pouvait donc se faire recruter sur un nouvel emploi dans une autre collectivité, mais sans qu'une véritable continuité de carrière soit pleinement consacrée par les textes.

■ La situation de tous les agents publics locaux dépendait donc pour l'essentiel de décisions locales et n'était régie que par très peu de dispositions à caractère national. Cette situation pouvait entraîner d'importantes disparités de gestion selon les collectivités, ce qui aboutissait à une « fonction publique locale » cloisonnée, hétérogène et source d'inégalités.

■ **La loi du 2 mars 1982 relative aux droits et libertés des communes, des départements et des régions** pose, dès l'article 1, la question des garanties statutaires accordées au personnel des collectivités territoriales : « Des lois détermineront [...] les garanties statutaires accordées aux personnels des collectivités territoriales, [...] ».

■ **La loi du 13 juillet 1983, portant droits et obligations des fonctionnaires** révolutionne le premier statut général des fonctionnaires de l'État et le réécrit totalement, entre 1983 et 1986, selon une nouvelle architecture statutaire :

– un statut général commun à tous les fonctionnaires ;
– un statut particulier relatif à la fonction publique d'État ;
– un statut particulier relatif à la fonction publique territoriale ;
– un statut particulier relatif à la fonction publique hospitalière.

Ce nouveau statut intègre des droits qui ne s'y trouvaient pas (droit de grève, liberté d'opinion, droit à la formation permanente, etc.). Il joue également un rôle-clé dans le processus de décentralisation et ses évolutions se sont succédé au rythme d'une réforme majeure tous les quatre ans, démontrant sa formidable capacité d'adaptation.

Partie 1

CONNAISSANCES INDISPENSABLES

Fiche 1

Comprendre la fonction publique

Fonctionnaire, agent et statut

Les personnes travaillant au sein des administrations publiques ne relèvent pas du Code du travail, contrairement aux salariés du secteur privé, liés par contrat avec leurs employeurs. Cette situation statutaire des fonctionnaires tient à la nature des fonctions qu'ils exercent.

1 Le fonctionnaire

L'expression « fonction publique » désigne **l'ensemble des agents publics titulaires** travaillant dans les différentes **administrations françaises** – État, collectivités territoriales, hôpitaux, établissements publics.

■ Un agent public titulaire, dénommé couramment fonctionnaire, se définit non pas par son employeur, mais par son **statut**, c'est-à-dire un ensemble de textes législatifs et réglementaires qui régissent sa carrière. Le statut de la fonction publique correspond, en quelque sorte, au **droit du travail des fonctionnaires**.

■ Un fonctionnaire est donc un **agent titulaire** de l'une de ces trois fonctions publiques :
- la **fonction publique d'État (FPE)** ;
- la **fonction publique territoriale (FPT)** ;
- la **fonction publique hospitalière (FPH)**.

Chiffres clés au 31 décembre 2017

5,53 millions de personnes travaillent dans la fonction publique.
Évolution des effectifs de la fonction publique entre fin 2016 et 2017 :
- Ensemble de la FP : + 43 100 agents (+ 0,8 %) ;
- FPE : +18 700 agents (+ 0,8 %) ;
- FPT : +16 400 agents (+ 0,9 %) ;
- FPH : +8 000 agents (+ 0,7 %).

Évolution des effectifs par statut en 2017 :
- Fonctionnaires : – 0,2 %
- Contractuels : + 5,0 %
- Militaires : + 0,5 %
- Autres catégories et statuts : + 0,1 %

Les femmes représentent 62 % des agents publics et 41 % des agents de la catégorie A

Source : *Rapport annuel sur l'état de la fonction publique.* Ministère de l'action et des comptes publics, 2019.

Le cas particulier de Paris

Le personnel de la Ville de Paris, collectivité unique à statut particulier, est bien compris dans le champ de la FPT mais fait l'objet d'un régime fortement dérogatoire.

2 L'agent

■ Le terme « agents » désigne **l'ensemble des personnels** employés par l'administration. Toutefois, il faut distinguer plusieurs catégories d'agents, en fonction de :
- leur **régime** : titulaires, non-titulaires de droit public ou de droit privé ;
- leur **employeur** : État, collectivités territoriales, hôpitaux.

■ **Les agents titulaires** se définissent par la **permanence de leur emploi** et leur **titularisation** dans un **corps/cadre d'emplois** et un **grade**. Ce sont des agents publics, dits « statutaires » car régis par un **statut de droit public**, et non soumis à des contrats ou conventions collectives.

■ **La catégorie des agents non titulaires** s'est multipliée, aussi bien au sein de l'administration d'État que territoriale ou hospitalière. Elle présente des conditions plus souples de recrutement. Il existe **plusieurs régimes** : agents auxiliaires, contractuels (en contrat à durée déterminée – CDD ou indéterminée – CDI), vacataires, intérimaires. À l'intérieur de cet ensemble, il existe **deux sous-catégories** : les agents non titulaires de droit public et les agents non titulaires de droit privé.

Le saviez-vous ?

L'un des principes régissant la carrière des fonctionnaires est celui de **la garantie de l'emploi** *; ce qui signifie qu'***un fonctionnaire est nommé sur un emploi permanent** *; il ne peut donc être licencié à cause de la suppression de cet emploi. En revanche, l'emploi budgétaire peut, lui, très bien être supprimé par la loi de finances. Et c'est arrivé une fois en 1947 ; des fonctionnaires cadres ont été licenciés. Mais l'exécutif répugne à prendre ce genre de mesures. Ainsi, entre 2007 et 2012, lors de la RGPP (Révision générale des politiques publiques), il a plutôt été fait le choix de ne pas remplacer les départs à la retraite.*

En termes purement juridiques, le licenciement des fonctionnaires, contrairement à ce qui est souvent dit, est parfaitement possible. L'emploi à vie n'existe pas !

3 Le statut

Le statut est organisé en **quatre grands titres**, comparables à quatre chapitres d'un livre :

– **le Titre I** regroupe tous les textes communs à tous les fonctionnaires, quels que soient leur administration, leur employeur ou leur service d'affectation = **statut général des fonctionnaires** ;

– **le Titre II** regroupe tous les statuts particuliers des agents travaillant au service de l'État = **dispositions statutaires relatives à la FPE** ;

– **le Titre III** regroupe l'ensemble des cadres d'emplois des agents travaillant dans une collectivité territoriale (communes, départements, régions) et leurs établissements publics = **dispositions statutaires relatives à la FPT** ;

– **le Titre IV** regroupe tous les textes concernant des agents travaillant dans un établissement public hospitalier ou assimilé (hôpitaux, maison de retraite, foyer de l'enfance...) = **dispositions statutaires relatives à la FPH**.

<table>
<tr><td colspan="3">Un statut général commun = Loi du 13 juillet 1983 (Titre I du statut)
Il fixe les droits et les obligations des fonctionnaires, les conditions générales pour être fonctionnaire, le principe de la séparation du grade et de l'emploi.</td></tr>
<tr><td>Fonction publique d'État</td><td>Fonction publique territoriale</td><td>Fonction publique hospitalière</td></tr>
<tr><td>Loi du 11 janvier 1984</td><td>Loi du 26 janvier 1984</td><td>Loi du 9 janvier 1986</td></tr>
<tr><td colspan="3">↓
1. Cette loi a été modifiée par celle du 19 février 2007, afin d'adapter le statut à l'approfondissement de la décentralisation et aux évolutions des collectivités territoriales, du fait notamment de l'essor de l'intercommunalité.
2. La partie « Droits et obligations des fonctionnaires » des statuts a été modifiée par la loi n° 2016-483 du 20 avril 2016 relative à la déontologie et aux droits et obligations des fonctionnaires.</td></tr>
</table>

Récapitulatif des quatre lois de la fonction publique promulguées entre 1983 et 1986

<table>
<tr><td colspan="3">Un statut général commun = Loi du 13 juillet 1983 (Titre I du statut)
Il fixe les droits et les obligations des fonctionnaires, les conditions générales pour être fonctionnaire, le principe de la séparation du grade et de l'emploi.</td></tr>
<tr><td>Titre II – FPE – 2 450 249 agents</td><td>Titre III – FPT – 1 902 237 agents</td><td>Titre IV – FPH – 1 173 416 agents</td></tr>
<tr><td>Un employeur unique</td><td>Chaque collectivité territoriale ou établissement public local est un employeur (environ 44 000).</td><td>Chaque établissement public hospitalier, foyer, maison de retraite... est un employeur.</td></tr>
</table>

La nomination est acquise en cas de réussite à un concours (liste d'aptitude par ordre de mérite)	Le lauréat d'un concours se recherche un poste en temps limité. La nomination appartient à l'exécutif de la collectivité ou de l'établissement public	La nomination est acquise, mais avec une compétence de nomination confiée au directeur de chaque établissement.
Le recruteur est l'État. Les directeurs de service ou les préfets recrutent leur personnel par délégations de l'État.	Le recruteur est l'exécutif de chaque collectivité territoriale ou chaque établissement public local (maire, président).	Le recruteur est l'exécutif de chaque établissement public : le président du conseil d'administration.
Le statut est organisé en corps, gérés sur le plan national	Le statut est organisé en cadres d'emplois, gérés par l'autorité territoriale ou par les centres de gestion.	Le statut est organisé en corps, gérés dans le cadre de chaque établissement.
Les modalités de calcul du traitement sont identiques. Les augmentations ont lieu en même temps.		
Le traitement provient du budget de l'État.	Le traitement provient du budget de la collectivité territoriale ou de l'établissement public.	Le traitement provient du budget de l'établissement public.

Fiche 2

Comprendre la fonction publique

L'organisation des fonctions publiques

Le principe d'égal accès à la fonction publique a été institué par l'article 6 de la *Déclaration des droits de l'homme et du citoyen* de 1789 en réaction aux pratiques de l'Ancien Régime et de la vénalité des charges publiques. Le principe du concours s'inscrit dans cette volonté. Il constitue donc la règle pour accéder à la fonction publique.

1 Les personnels de la fonction publique

A| La fonction publique d'État et hospitalière

■ Elles emploient des agents sous des statuts divers, dans les services civils et militaires de l'État, les établissements publics nationaux à caractère administratif, les hôpitaux publics, les maisons de retraite et les autres établissements sociaux et médico-sociaux.

■ À côté de la fonction publique, des missions de service public sont assurées par certains organismes publics qui ne font pas partie de la fonction publique, par des organismes privés financés par les collectivités publiques, ainsi que par des entreprises publiques (La Poste, la SNCF, la RATP, EDF, GDF, Aéroports de Paris, etc.).

■ Les emplois de la fonction publique d'État se répartissent entre les administrations centrales de l'État et les services déconcentrés.

À noter

Magistrats et militaires sont régis par un statut particulier.

B| La fonction publique territoriale

■ La FPT regroupe les personnels :

– des **collectivités territoriales** – communes, départements, régions ;

– des **établissements publics** – CCAS (centre communal d'action sociale), OPH (office public d'habitat), EPCI (établissement public de coopération intercommunale), SDIS (service départemental d'incendie et de secours), caisse des écoles…

■ Les fonctionnaires territoriaux peuvent effectuer leur carrière dans n'importe laquelle de ces structures.

■ Les collectivités territoriales ont la liberté :

– de créer ou de supprimer les emplois ;

– d'embaucher et de nommer les agents territoriaux.

■ Le principal mode d'accès à la FPT est le **recrutement sur liste d'aptitude après concours**. Le recrutement direct sans concours existe pour certains cadres d'emplois de la catégorie C. Dans tous les cas, il est nécessaire de rechercher un poste (candidature, CV, entretien...) auprès des collectivités en qualité de stagiaire.

■ Tout fonctionnaire territorial :
- est nommé par l'autorité territoriale (maire, président du conseil départemental ou régional) ;
- est nommé dans un emploi permanent ;
- est titulaire de son grade (mais pas de son emploi) ;
- travaille au service de l'intérêt général.

À noter

■ Réussir un concours n'est pas synonyme d'avoir un poste : l'autorité territoriale choisit librement sur une liste d'aptitude les candidats qu'elle souhaite recruter (principe constitutionnel de la libre administration des collectivités territoriales).

■ L'accès à un cadre d'emplois après réussite à un concours constitue un recrutement, même si l'on est déjà titulaire d'un autre grade, d'où l'obligation, en principe, d'effectuer à nouveau une période de stage.

2 Un recrutement par concours

A| L'organisation des concours

■ Les concours d'accès à la fonction publique de l'État sont organisés par les différents ministères. Un calendrier général des concours recense les concours officiellement ouverts et faisant l'objet d'un avis ou d'un arrêté d'ouverture paru au Journal Officiel.

■ Les concours d'accès à la fonction publique territoriale sont organisés par :
- le **CNFPT** pour les cadres d'emplois de catégorie A + (administrateur, ingénieur ou ingénieur en chef, conservateur des bibliothèques, conservateur du patrimoine) ;
- les **centres de gestion** pour les autres cadres d'emplois de catégorie A, B et C ;
- les **collectivités territoriales** pour les cadres d'emplois de catégorie C ;
- le **ministère de l'Intérieur** pour les sapeurs-pompiers.

■ L'inscription s'effectue dans les conditions fixées par l'avis de concours :
- soit en ligne sur le site du ministère qui recrute ;
- soit en ligne sur le site de l'organisme organisateur ;
- soit au moyen d'un dossier retiré sur place ou transmis par courrier.

■ Une convocation aux épreuves est adressée au candidat.

■ Les résultats sont disponibles dans des conditions variables selon le ministère qui recrute (FPE) ; généralement disponibles en ligne sur le site et par affichage dans les locaux de l'organisme organisateur (FPT).

B| Les conditions pour concourir

Pour se présenter à un concours, il faut remplir **certaines conditions générales communes aux trois fonctions publiques**, fixées par la loi du 13 juillet 1983 dans son Titre I. Ces dispositions sont au nombre de cinq :
– posséder la nationalité française ou celle d'un autre État membre de l'Union européenne ou d'un autre État partie à l'accord sur l'Espace économique européen, sauf pour la filière de la police municipale ;
– jouir de ses droits civiques ;
– ne pas avoir subi de condamnations incompatibles avec l'exercice des fonctions, à savoir qu'une éventuelle mention portée au bulletin n° 2 du casier judiciaire ne doit pas être incompatible avec les futures fonctions exercées ;
– être en position régulière au regard du service civique ;
– remplir les conditions d'aptitude physique exigées pour l'exercice de la fonction compte tenu des possibilités de compensation du handicap ; par exemple, certains postes sont soumis à des exigences de taille particulières.

C| Les trois types de concours

■ **Le concours « externe »**, ouvert aux personnes extérieures à la fonction publique, remplissant certaines conditions (en général : avoir des diplômes).

■ **Le concours « interne »**, ouvert aux agents en poste justifiant de certaines conditions de service (conditions différentes selon les corps/cadres d'emplois).

■ **Le troisième concours**, ouvert sous certaines conditions (élus locaux, responsables d'association, agents du secteur privé dont anciens emplois-jeunes). La loi du 27 janvier 2017 relative à l'égalité et à la citoyenneté a assoupli les conditions d'accès au troisième concours.

Catégorie	Fonctions	Conditions de diplôme
Catégorie A	Fonctions de direction, de conception et d'encadrement	Diplôme de niveau minimum bac + 3 (licence), voire plus
Catégorie B	Fonctions intermédiaires, d'application et de rédaction	Baccalauréat (au minimum)
Catégorie C	Fonctions d'exécution	En fonction des concours : pas de diplôme, diplôme national du brevet, CAP ou BEP

À savoir

Pour chaque corps/cadre d'emplois, les statuts particuliers peuvent prévoir des conditions particulières, outre l'admission à un concours, comme la nécessité d'un diplôme professionnel ou d'un niveau d'études (baccalauréat, master…) ; des conditions d'âge prévues par les statuts particuliers (police municipale et pompiers).

3 Les voies de recrutement sans concours

■ **L'État, les hôpitaux** et **les collectivités** peuvent recruter des contractuels et des vacataires, pour répondre à leurs besoins et pourvoir des postes vacants.

■ Enfin, pour certains publics, il existe des **voies particulières de recrutement** :

– **les emplois de catégorie C**, 1er échelon, sont accessibles par nomination directe sans concours ;

– **les personnes handicapées reconnues par la CDAPH** (Commission des droits et de l'autonomie des personnes handicapées) peuvent être recrutées par contrat, puis titularisées. En outre, elles bénéficient d'aménagement des concours (tiers-temps…) ;

– **depuis 2006, les personnes, peu ou pas qualifiées**, de 28 ans au plus et les personnes en situation de chômage de longue durée, âgées de 45 ans et plus et bénéficiaires soit du revenu de solidarité active, de l'allocation de solidarité spécifique ou de l'allocation aux adultes handicapés, soit du revenu minimum d'insertion ou de l'allocation de parent isolé dans les départements d'outre-mer et les collectivités de Saint-Barthélemy, Saint-Martin et Saint-Pierre-et-Miquelon peuvent être recrutées dans les corps et cadres d'emploi de catégorie C des trois fonctions publiques grâce au PACTE (Parcours d'accès aux carrières de la fonction publique territoriale, hospitalière et d'État).

Le saviez-vous ?

Il ne faut pas confondre **fonction publique** *et* **secteur public**.

• **La fonction publique** *regroupe tous les agents travaillant pour l'État, une collectivité territoriale, un établissement public ou une structure hospitalière.*

• **Le secteur public** *regroupe tous les organismes publics exerçant des missions de service public. Néanmoins, dans les établissements publics industriels et commerciaux – EPIC, la plupart des agents publics sont soumis au droit du travail privé, même s'ils exercent des missions de service public.*

Fiche 3

Comprendre la fonction publique

L'organisation des statuts de la fonction publique territoriale

Les fonctionnaires territoriaux, soumis au même statut particulier, sont regroupés dans un cadre d'emplois. Les cadres d'emplois sont regroupés par filières. Chaque filière est divisée en trois niveaux hiérarchiques.

1 La notion de grade

- Le fonctionnaire est titulaire d'un **grade**, auquel correspond un **échelon**. La FPT compte 145 grades.
- Le grade est le « titre » qui confère à son titulaire vocation à occuper un certain nombre d'emplois ; par exemple, rédacteur dans la FPT.
- Chaque grade est subdivisé en échelons (13 pour le grade de rédacteur dans la FPT) auxquels correspondent un indice brut qui fixe le positionnement hiérarchique et qui détermine un indice majoré qui donne le traitement.

Exemple : grille indiciaire du grade de Rédacteur

Échelon	Indice Brut	Indice majoré	Durée
1	372	343	2 ans
2	379	349	2 ans
3	388	355	2 ans
4	397	361	2 ans
5	415	369	2 ans
6	431	381	2 ans
7	452	396	2 ans
8	478	415	3 ans
9	500	431	3 ans
10	513	441	3 ans
11	538	457	3 ans
12	563	477	4 ans
13	597	503	

Grille indiciaire du grade Rédacteur (https://www.emploi-collectivites.fr)

- **L'emploi** est la fonction exercée dans la collectivité. Il est **propriété de l'autorité territoriale** qui l'a créé et correspondant à un poste budgétaire.

■ **Le grade**, acquis par concours (par exemple, rédacteur dans la FPT) **appartient au fonctionnaire.** Il ne peut lui être retiré qu'en cas de mesure disciplinaire.

! *Cette différenciation entraîne un principe :* **la séparation du grade et de l'emploi.**

2 La notion de cadre d'emplois

Le cadre d'emplois est le regroupement des agents soumis à un même statut particulier, titulaires d'un grade, et ayant vocation à occuper un ensemble d'emplois. Par leur appartenance à un même cadre d'emplois, ces agents ont en commun des savoir-faire, des aptitudes, des connaissances, une formation, des modalités de recrutement, de rémunération et d'avancement. La FPT compte 53 grades.

Les corps d'emplois dans la FPE

La notion de corps dans la fonction publique remonte au XVIIIe siècle lors de la construction de la fonction publique de l'État.
Jusqu'aux lois de décentralisation de 1982, seuls les fonctionnaires d'État et hospitaliers se sont organisés progressivement en corps. Les agents territoriaux ont été organisés en cadres d'emplois, hormis la ville de Paris qui est organisée en corps également.
Les deux notions de corps et de cadre d'emploi ont donc la même valeur juridique et octroient aux agents publics concernés des **droits et des obligations.**

3 La notion de filière

■ Les filières, au nombre de 8 dans la FPT, correspondent aux grands domaines d'intervention des collectivités territoriales et regroupent les cadres d'emplois d'une même famille.
■ 8 filières de métiers : administrative, technique, culturelle (patrimoine, bibliothèque, enseignement artistique), sanitaire et sociale (social, médico-social, médico-technique), sportive, animation, sapeurs-pompiers, police municipale.

4 La notion de catégories hiérarchiques

Au sein des différentes filières, le statut de la FPT répartit les fonctionnaires entre **trois catégories hiérarchiques** :
- la catégorie A ;
- la catégorie B ;
- la catégorie C.

Pour résumer :

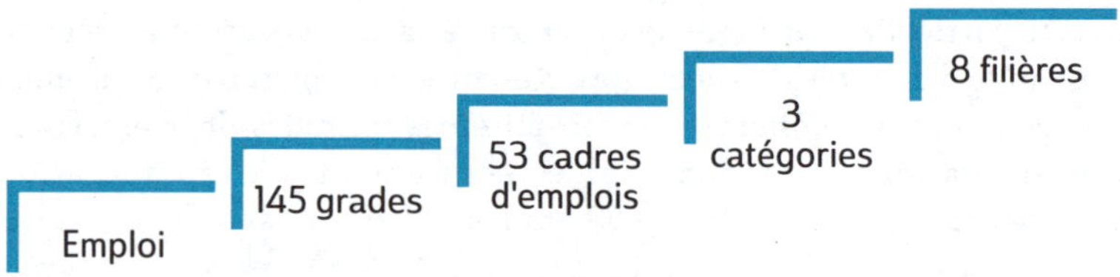

Tout fonctionnaire occupe un emploi	est titulaire d'un grade	appartient à un cadre d'emplois/corps	à une catégorie	et relève d'une filière
	Rédacteur principal de 2e classe (2e grade)	Rédacteur	B	Administrative
	Adjoint du patrimoine principal de 1re classe (4e grade)	Adjoint territorial du patrimoine	C	Culturelle
	Conseiller supérieur socio-éducatif (2e grade)	Conseiller territorial socio-éducatif	A	Sanitaire et sociale
	-…	-…	-…	-…

Ce qui conduit à la définition du fonctionnaire, figurant à l'art. 2 de la loi du 26 janvier 1984 : « … personnes qui, régies par le Titre I du Statut général des fonctionnaires de l'État et des collectivités territoriales, ont été nommées dans un emploi permanent et titularisées dans un grade de la hiérarchie administrative des communes, des départements … ».

Du recrutement à la cessation d'activité

Le recrutement d'un fonctionnaire se fait en général par concours. Les concours peuvent consister en des épreuves écrites et/ou orales Une fois admis, les conditions de nomination varient selon la fonction publique et la catégorie de l'emploi concerné.

1 Le recrutement

■ Le recrutement sur liste d'aptitude (par ordre de mérite pour les FPE et FPH ; par ordre alphabétique pour la FPT) après concours est le **principal mode de recrutement des fonctionnaires**. Cependant, certains d'entre eux peuvent avoir lieu sans concours. Ainsi :
- l'accès au 1er grade de la catégorie C est direct (le concours devient obligatoire pour l'accès au 2e grade et la suite de la carrière) ;
- l'accès à certains postes facilité pour les personnes reconnues travailleurs handicapés.

■ Les collectivités peuvent aussi (sous certaines conditions) procéder au recrutement de non titulaires :
- contractuels (la durée totale des contrats successifs est limitée à 6 ans) ;
- agents de droit privé : contrats uniques d'insertion (CUI), apprentis.

■ La carrière d'un fonctionnaire débute le jour de sa nomination. Elle se termine par sa cessation de fonction (retraite, démission…).

Le saviez-vous ?
La loi du 6 août 2019 élargit le recours aux contractuels, notamment pour les emplois de direction, certains emplois de catégories A et B, et par les « contrats de projet ».

2 Le stage

■ Le stage est une période probatoire destinée à **vérifier les qualités professionnelles de l'agent**. C'est aussi une période de formation. La durée du stage dépend du corps/cadre d'emplois mais est généralement d'un an.

■ Il y a stage :
- lors du premier recrutement dans un cadre d'emplois ;
- lors de l'accès à un corps/cadre d'emplois supérieur (après concours ou par promotion interne).

3 La titularisation

■ En fin de stage, trois cas de figures sont possibles :

– **la prorogation du stage** : le stage ne peut être prorogé (maintenu) que d'une durée au maximum égale à la durée normale, sauf disposition contraire d'un statut particulier. Toute décision de prorogation de stage est soumise à l'avis préalable de la commission administrative paritaire (CAP) ;

À retenir

La prolongation du stage est différente de la prorogation. Une prolongation a lieu, par exemple, lorsque l'agent a été en congé de maternité durant sa période de stage.

– **le refus de titularisation** : si les aptitudes professionnelles de l'agent sont jugées insuffisantes pour permettre sa titularisation, un terme est mis à son stage ; l'agent est alors radié des cadres de la fonction publique. L'administration peut prendre cette décision : en cours de stage ; à la fin de la période normale de stage ou lorsque le stage a fait l'objet d'une prorogation, à la fin de cette période de prorogation. Si l'agent n'était pas fonctionnaire auparavant, il peut bénéficier des allocations chômage, sous réserve de remplir les conditions requises. Si, avant sa nomination en tant que stagiaire, il était titulaire dans un autre corps/cadre d'emplois, il est réintégré dans ce corps/cadre d'emplois d'origine ;

– **la titularisation** : à l'issue du stage, le fonctionnaire qui a fait ses preuves est titularisé dans son grade. Ce grade peut être le premier ou deuxième grade du corps/cadre d'emplois. Seule l'autorité territoriale a le pouvoir de décider de la titularisation.

■ Avec la titularisation, l'agent est définitivement intégré dans la fonction publique.

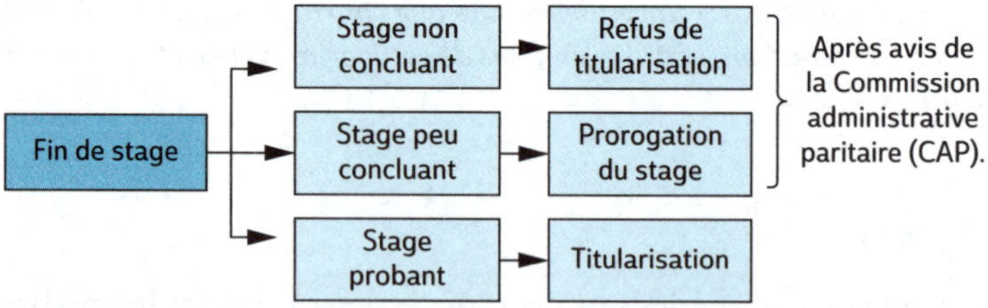

■ Si, avant sa nomination en tant que stagiaire, le fonctionnaire était déjà titulaire dans un autre corps/cadre d'emplois, il devient titulaire du grade sur lequel il a été nommé stagiaire et perd son ancien grade.

■ S'il était déjà titulaire dans une autre fonction publique, il est radié de son corps/cadre d'emplois d'origine.

■ Lorsque la titularisation est prononcée, le temps passé comme stagiaire est validé pour la retraite.

■ L'agent titulaire :
– peut occuper un certain nombre d'emplois en rapport avec son grade ;
– bénéficie des avancements d'échelon et de grade ;
– peut changer de corps/cadre d'emplois par la promotion interne ;
– est pris en charge en cas de suppression de son emploi.

4 Les positions administratives

Chaque agent titulaire est placé par son autorité de nomination dans une position qui correspond à sa situation administrative.

■ **La position d'activité** est la plus courante. Elle concerne l'agent qui exerce ses fonctions à temps plein ou à temps partiel. Elle est composée : du temps de travail, des congés (annuels, maladie...), de la mise à disposition, des autorisations spéciales d'absence.

■ **Le congé parental**. Il est accordé de plein droit pour se consacrer à l'éducation d'un enfant de moins de 3 ans. Le fonctionnaire est réintégré, au besoin en surnombre, dans son corps/cadre d'emplois d'origine. Il est réaffecté dans son emploi antérieur ou, à défaut, dans un emploi le plus proche de son dernier lieu de travail.

■ **Le détachement**. Il permet de travailler dans un autre organisme public, tout en continuant à bénéficier de ses droits à avancement dans son corps/cadre d'emplois d'origine. À la fin du détachement, le fonctionnaire est obligatoirement réintégré, immédiatement et au besoin en surnombre, dans son corps/cadre d'emplois d'origine et affecté à un emploi correspondant à son grade.

■ **La disponibilité**. Elle permet à l'agent de suspendre son activité professionnelle. Il existe trois types de disponibilité :
– d'office pour raisons de fin de droit à congés maladies ;
– de plein droit pour élever un enfant de moins de huit ans, suivre son conjoint muté, prendre soin d'un enfant à charge ;
– pour convenance personnelle, sous réserve des nécessités de service. Ce type de disponibilité peut être accepté ou refusé par l'employeur.

5 La cessation d'activité

A| Le départ à la retraite

Il intervient normalement lorsque le fonctionnaire atteint la limite d'âge requise. Néanmoins, le régime des fonctions publiques autorise, comme dans le régime général, le départ à la retraite anticipée pour carrière longue.

B| La démission

La démission résulte d'une demande écrite de l'intéressé marquant sa volonté expresse de quitter son administration. Elle obéit à deux principes :
– **la nécessité de l'acceptation**. La démission n'a d'effet que lorsqu'elle est acceptée par l'autorité investie du pouvoir de nomination et prend

effet à la date fixée par cette autorité. L'autorité de nomination doit donner réponse dans les quatre mois aux demandes de démission. Le silence gardé par l'administration équivaut à un rejet de la demande de démission ;

– **les effets de la démission acceptée**. Le fonctionnaire dont la démission a été régulièrement acceptée continue à exercer ses fonctions jusqu'à la date qui lui est indiquée par l'autorité hiérarchique. L'acceptation de la démission rend celle-ci irrévocable. Lorsque la démission est acceptée, les liens du fonctionnaire avec le service sont rompus. Il ne pourra être réintégré que par le fait d'une nouvelle nomination soumise aux règles ordinaires (le concours...).

C| Le licenciement

Un licenciement pour insuffisance professionnelle peut être prononcé après observation de la procédure prévue en matière disciplinaire. Le fonctionnaire licencié pour insuffisance professionnelle peut recevoir une indemnité dans les conditions qui sont fixées par décret.

D| L'abandon de poste

Le fonctionnaire qui abandonne son poste est considéré comme ayant renoncé aux garanties qu'il tient du statut. Il peut donc être radié des cadres sans observation d'une procédure disciplinaire.

E| La révocation

La révocation intervient à la suite de la plus grave des sanctions disciplinaires.

L'avancement au cours de la carrière

Une fois classé dans l'échelle indiciaire de son grade, le fonctionnaire bénéficie d'avancements.

1 L'avancement d'échelon

■ L'avancement d'échelon correspond, au sein d'un même grade, au passage d'un échelon à l'échelon immédiatement supérieur. Éventuellement de grade à grade à l'intérieur du corps ou cadre d'emplois.

■ À chaque grade d'un corps ou cadre d'emplois est associé une échelle indiciaire. Par exemple, ci-dessous, l'échelle indiciaire du premier grade (rédacteur) du cadre d'emplois de Rédacteur territorial.

Échelle indiciaire du premier grade du cadre d'emplois des rédacteurs territoriaux

Échelons	1	2	3	4	5	6	7	8	9	10	11	12	13
Indices bruts	372	379	388	397	415	431	452	478	500	513	538	563	597
Indices majorés	343	349	355	361	369	381	396	415	431	441	457	477	503
Durées	2a	2a	2a	2a	2a	2a	2a	3a	3a	3a	3a	3a	4a

■ L'échelle indiciaire ci-dessus comprend treize échelons. L'avancement d'échelon se fait de manière continue, en passant de l'un à l'autre selon la durée indiquée dans la troisième ligne.

- **Exemple**

Jusqu'à l'échelon 8, l'avancement se fait tous les deux ans ; de l'échelon 8 à l'échelon 12 tous les trois ans ; le dernier échelon est atteint au bout de quatre ans.

■ L'avancement d'échelon a pour conséquence l'augmentation indiciaire qui se traduit par une augmentation de traitement sans changement de grade.

Pour l'augmentation indiciaire et son corollaire l'augmentation de traitement, voir la fiche 7. La rémunération des fonctionnaires.

2 L'avancement de grade

■ C'est la procédure qui permet (au sein d'un même corps/cadre d'emplois) d'accéder au grade immédiatement supérieur. L'agent exerce alors de nouvelles fonctions. L'avancement n'est pas automatique.

- **Exemple**

Le cadre d'emplois de Rédacteur territorial comporte trois grades : Rédacteur (1er grade) ; Rédacteur principal de 2e classe (2e grade) ; Rédacteur principal de 1re classe (3e grade).

■ L'avancement du premier grade (rédacteur) au deuxième grade (rédacteur principal de 2e classe) a lieu :
– soit **par la voie d'un examen professionnel**, si le fonctionnaire justifie d'au moins un an dans le 4e échelon du premier grade et d'au moins trois années de services effectifs dans un corps/cadre d'emplois ou emploi de catégorie B ou de même niveau ;
– soit **par la voie du choix, après inscription sur un tableau d'avancement** établi après avis de la commission administrative paritaire, s'il a au moins atteint le 7e échelon du premier grade et justifie d'au moins cinq années de services effectifs dans un corps/cadre d'emplois ou emploi de catégorie B ou de même niveau.

■ L'avancement de grade s'accompagne d'un changement d'échelle indiciaire.

Échelle indiciaire du cadre d'emplois des rédacteurs principaux de 2e classe

Échelons	1	2	3	4	5	6	7	8	9	10	11	12	13
Indices bruts	389	399	415	429	444	458	480	506	528	542	567	599	638
Indices majorés	356	362	369	379	390	401	416	436	452	461	480	504	534
Durées	2a	2a	2a	2a	2a	2a	2a	3a	3a	3a	3a	3a	4a

Échelle indiciaire du cadre d'emplois des rédacteurs principaux de 1re classe

Échelons	1	2	3	4	5	6	7	8	9	10	11
Indices bruts	446	461	484	513	547	573	604	638	660	684	707
Indices majorés	392	404	419	441	465	484	508	534	551	569	587
Durées	2a	2a	2a	2a	2a	2a	2a	3a	3a	3a	3a

3 Le changement de corps/cadre d'emplois

■ Au cours de sa carrière, le fonctionnaire peut changer de corps/cadre d'emplois :
– soit par promotion interne, au choix ou après examen professionnel ;
– soit par concours (externe ou interne).

■ Le changement de corps/cadre d'emplois s'accompagne généralement d'un changement de catégorie hiérarchique.

- **Exemple**

Le passage du grade de Rédacteur principal de 1re classe (3e grade), catégorie B, au grade d'Attaché territorial (1er grade), catégorie A.

■ Le changement de corps/cadre d'emplois par le biais du concours peut se faire au sein de la même fonction publique ou dans une autre fonction publique. Un fonctionnaire peut se présenter au concours de son choix dès lors qu'il remplit les conditions exigées pour candidater (diplôme, ancienneté dans la fonction publique, etc.).

Exemple d'un déroulement de carrière

	Avancement
Avancement d'échelon	Automatique à l'intérieur du grade, en fonction de l'ancienneté.
Avancement de grade	Non automatique. Par concours, examen professionnel ou promotion interne.
Accès à un nouveau cadre d'emplois	Non automatique. Soit par promotion interne au choix ou après examen professionnel ; soit par concours (externe ou interne).

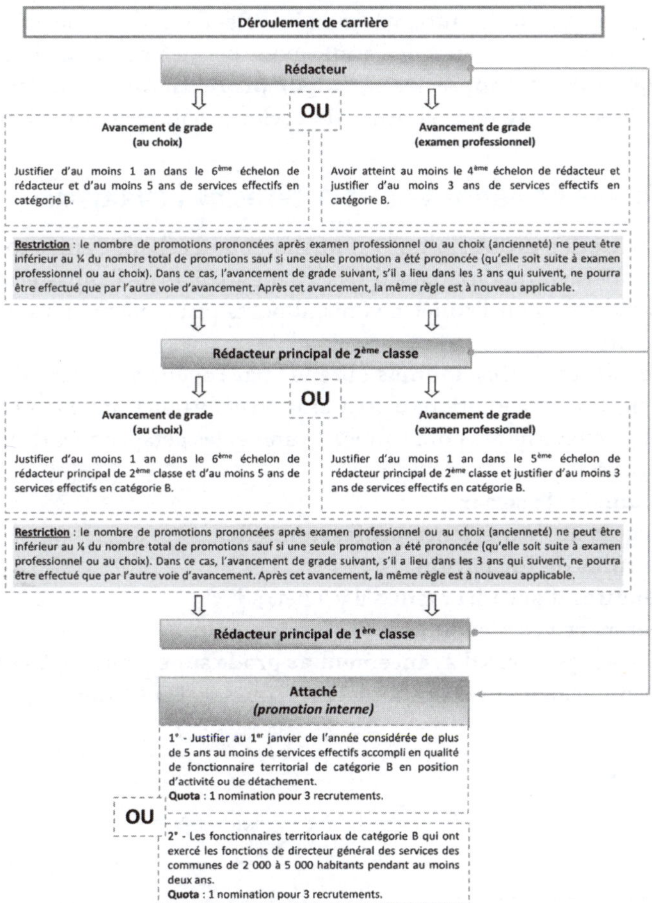

Source : d'après le CDG 40, www.cdg40.fr

L'évaluation des fonctionnaires

L'appréciation de la valeur professionnelle des agents est fondée sur un entretien annuel. L'entretien donne lieu à un compte rendu auquel l'agent peut apporter des observations et dont il peut demander la révision. L'entretien est pris en compte pour l'avancement, la promotion interne des fonctionnaires et la réévaluation de la rémunération des agents non titulaires en CDI ou en CDD de plus d'un an[1].

1 Les agents concernés

■ Le fonctionnaire titulaire ainsi que les agents contractuels en CDI et les agents contractuels en CDD de plus d'un an bénéficient d'un **entretien professionnel annuel**.

■ Les uns comme les autres doivent justifier d'une durée de présence effective suffisante au cours de l'année pour permettre au **supérieur hiérarchique direct** d'apprécier sa **valeur professionnelle**. Cette durée est appréciée au cas par cas et peut varier selon la nature des fonctions exercées.

2 Objets de l'entretien et critères de l'évaluation

■ L'entretien professionnel est un moment d'échange entre tout agent et son supérieur hiérarchique direct quant au bilan de l'année écoulée et sur les objectifs pour l'année à venir. Il porte principalement sur les points suivants :

- **résultats professionnels** obtenus par l'agent au regard des objectifs assignés et des conditions d'organisation et de fonctionnement du service ;
- **objectifs** assignés pour l'année à venir et les perspectives d'amélioration de ses résultats professionnels ;
- **manière de servir** ;
- **acquis de l'expérience professionnelle** ;
- **besoins de formation** ;
- **qualités d'encadrement** s'il y a lieu ;
- **perspectives d'évolution professionnelle**.

■ Les **perspectives d'avancement au grade supérieur** d'un agent titulaire peuvent également être abordées au cours de l'entretien.

1. Informations du site Service-Public.fr : https://www.service-public.fr. Consulté le 27/02/2020.

- Les critères à partir desquels la valeur professionnelle d'un agent fixés après avis du comité technique, portent notamment sur :
– les **résultats professionnels** obtenus par l'agent et la réalisation de ses objectifs ;
– ses **compétences professionnelles et techniques** ;
– ses **qualités relationnelles** ;
– sa **capacité d'encadrement ou d'expertise** ou, s'il y a lieu, sa capacité à exercer des fonctions d'un niveau supérieur.

3 Organisation de l'entretien et compte rendu

- L'agent est informé de la date de l'entretien au moins huit jours à l'avance.
- La convocation est accompagnée de la fiche de poste de l'agent et d'un exemplaire de la fiche d'entretien professionnel servant de base au compte rendu.
- À la suite de l'entretien, le supérieur hiérarchique établit un compte rendu, notifié à l'agent dans les quinze jours suivant l'entretien. L'agent peut y apporter des observations sur la conduite de l'entretien ou les différents sujets abordés ; puis il le signe pour attester qu'il en a pris connaissance et le renvoie à son supérieur hiérarchique.
- Le compte rendu est ensuite visé par l'autorité de nomination, communiqué à l'agent et ajouté à son dossier.
- **Pour le fonctionnaire**, le compte rendu de l'entretien professionnel fait partie des éléments pris en compte pour préparer les tableaux d'avancement de grade et les listes d'aptitude à la promotion interne.
- **Pour l'agent**, le compte rendu de l'entretien professionnel fait partie des éléments pris en compte lors de la réévaluation de la rémunération.

4 Recours

- Tout agent peut demander la révision du compte rendu de l'entretien professionnel à l'autorité de nomination dans les quinze jours francs suivant sa notification.
- L'autorité de nomination a quinze jours pour répondre à partir de la date de réception de la demande de révision.
- En cas de réponse défavorable :
– **le fonctionnaire** peut saisir la Commission administrative paritaire (CAP) dans le mois suivant la notification de la réponse. Après avis de la CAP, l'autorité de nomination communique au fonctionnaire le compte rendu définitif de l'entretien et l'ajoute à son dossier ;
– **l'agent** peut saisir la Commission consultative paritaire (CCP) dans le mois suivant la notification de la réponse de l'autorité de nomination.
- Le compte rendu d'entretien peut également faire l'objet d'un recours contentieux devant le tribunal administratif.

7

Fiche

Comprendre la fonction publique

La rémunération des fonctionnaires

Le salaire de base (ou traitement indiciaire) constitue le socle de la rémunération des agents de la fonction publique, qu'elle soit de l'État, territoriale ou hospitalière. Il se calcule par cadre d'emplois, grade et échelon.

1 Les éléments de base de la rémunération

■ À chaque grade correspond une échelle indiciaire. Chaque échelle comprend plusieurs échelons. À chaque échelon est associé un indice (brut et majoré) qui sert à calculer le **traitement de base**, dit aussi **traitement indiciaire**.

Échelle indiciaire du grade d'adjoint technique territorial principal de 1re classe (échelle C3)

Échelons	1	2	3	4	5	6	7	8	9	10
Indices bruts	380	393	412	430	448	460	478	499	525	548
Indices majorés	350	358	368	380	393	403	415	430	450	466
Durées	1a	1a	2a	2a	2a	2a	3a	3a	3a	3a

■ À chaque échelon, correspond un niveau de rémunération défini par un indice brut (IB). **L'indice brut (IB) est l'indice de carrière** utilisé pour déterminer l'échelon de classement du fonctionnaire dans son grade.

■ À chaque indice brut est attribué un indice majoré (IM) selon un barème défini par décret. **L'indice majoré (IM) est l'indice de traitement** qui sert au calcul du traitement indiciaire.

■ **La valeur du point indiciaire**, décidée par l'État, est la même pour tous les fonctionnaires de France. Son augmentation s'applique à tous les fonctionnaires, le même jour, quel que soit leur employeur.

2 Le calcul du traitement indiciaire de base

■ Le traitement indiciaire de base brut (hors prime) se calcule en multipliant l'indice majoré par la valeur du point indiciaire : Indice majoré × Valeur du point indiciaire = Traitement de base brut.

- **Exemple**

Valeur du point indiciaire en 2019 = 4,6860

En 2019, un adjoint technique territorial principal de 1re classe disposant d'un indice majoré 368 perçoit un traitement de base de (368 × 4,6860) = 1 462,03 € bruts/mois.

■ La dernière valeur du point indiciaire date de février 2017, après le gel de sa valeur entre 2010 et 2016.

3 La composition de la rémunération

■ La part obligatoire de la rémunération comprend :
- le traitement de base (voir ci-dessus) ;
- l'indemnité de résidence, en fonction de la zone géographique de la collectivité territoriale ;
- le supplément familial, si des enfants sont à charge ;
- les indemnités instituées par un texte législatif ou réglementaire.

■ En complément, chaque employeur est libre (dans les conditions prévues par la loi) de compléter la rémunération par un régime indemnitaire et des primes facultatives diverses (indemnités horaires pour travaux supplémentaires, indemnités forfaitaires pour travaux supplémentaires, aide sociale...).

■ Ainsi, à conditions identiques (même indice, même ancienneté, même zone d'indemnité de résidence...), si le traitement de base est similaire sur tout le territoire, quel que soit l'employeur, la différence de régime indemnitaire et/ou des primes peuvent révéler des rémunérations différentes d'un agent à l'autre.

■ Cependant, la mise en œuvre progressive du RIFSEEP – Régime Indemnitaire tenant compte des Fonctions, Sujétions, Expertises et Engagement Professionnel – encadrera, à terme, le régime indemnitaire attribué par l'organe délibérant de la collectivité en application des textes en vigueur. Ce régime indemnitaire a vocation à :
- s'appliquer à tous les fonctionnaires de l'État et aux fonctionnaires territoriaux appartenant à des cadres d'emplois assimilés aux corps de l'État concernés ;
- se substituer à tous les régimes indemnitaires existants.

■ Le RIFSEEP est entré en vigueur à partir du 1er juillet 2017 puis par étapes successives, au fur et à mesure de la publication des arrêtés ministériels.

Fonctionnaires territoriaux	Salariés du privé
Ils sont soumis à un STATUT.	Ils sont soumis au CODE DU TRAVAIL.
Ils perçoivent un TRAITEMENT DE BASE.	Ils perçoivent un SALAIRE.
Ils reçoivent un BULLETIN DE PAIE.	Ils reçoivent un BULLETIN DE SALAIRE.

Fiche 8

Comprendre la fonction publique

Les droits des fonctionnaires

Tous les agents des trois fonctions publiques – titulaires comme non titulaires – sont soumis à des règles communes et dont l'essentiel a été fixé par la loi du 13 juillet 1983 relative au *Statut général des fonctionnaires* (dite loi Le Pors). Cet ensemble de règles est plus connu sous l'expression « droits et obligations du fonctionnaire ».

1 Les droits de tout travailleur

Le droit à rémunération (après service fait)
Tout agent a droit à une rémunération après service fait, qui se décompose en un traitement, des indemnités et des primes.
La liberté d'opinion
Elle se traduit par le principe de non-discrimination. Aucune distinction ne peut être faite entre les fonctionnaires en raison de leurs opinions politiques, syndicales, philosophiques ou religieuses, de leur sexe, de leur état de santé, apparence physique, handicap ou de leur appartenance ethnique.
Le droit à congés et décharge de service
Congés annuels, de maladie, de maternité, parental, de formations professionnelle et syndicale, mais aussi pour validation des acquis professionnels (VAE) et pour bilan de compétences.
Le droit syndical
Les fonctionnaires peuvent librement créer des organisations syndicales, y adhérer et y exercer des mandats.
Le droit de grève
Les fonctionnaires exercent le droit de grève dans le cadre des lois qui le réglementent.
Le droit à la formation professionnelle tout au long de la vie
Tout agent bénéficie d'un Compte Personnel de Formation (CPF) Ce droit est mis en œuvre à l'initiative de l'agent, en accord avec son employeur.
Le droit à la protection fonctionnelle et à la santé
Des conditions d'hygiène et de sécurité de nature à préserver leur intégrité physique sont assurées aux fonctionnaires durant leur travail. Dans le cas contraire, ils peuvent exercer le droit de retrait (prévu par le décret 85-603 du 10 juin 1985) s'ils se trouvent dans une situation de travail pouvant mettre en danger leur vie de façon **grave ET imminente**. Ils doivent alors le signaler aussitôt à leur hiérarchie.

2 Des droits plus spécifiques

Le droit à l'accès à son dossier individuel
Tout fonctionnaire dispose du droit d'accès à son dossier. Le dossier du fonctionnaire doit comporter toutes les pièces intéressant la situation administrative de l'intéressé. Dans ce dossier, il ne peut être fait état des opinions ou des activités politiques, syndicales, religieuses ou philosophiques de l'intéressé.
Le droit à la protection fonctionnelle
L'autorité de tutelle est tenue de protéger ses fonctionnaires contre les menaces, violences, voies de fait, injures ou outrages dont ils pourraient être victimes à l'occasion de leurs fonctions, et de réparer, le cas échéant, le préjudice qui en résulte.
Le droit de participation
Les fonctionnaires, par l'intermédiaire de leurs délégués, participent à l'organisation des services publics, à l'élaboration des règles statutaires, et à l'examen des décisions individuelles concernant leur carrière (CAP, CT...).
Le droit à la mobilité
Le droit à la mobilité offre à tout agent différentes possibilités de changer de poste ou d'employeurs tout au long de sa carrière.
Le droit à la carrière
L'avancement d'échelon automatique, essentiellement à l'ancienneté, et la sécurité apportée par la détention d'un grade.

3 L'actualisation des droits

■ La loi n° 2016-483 du 20 avril 2016 relative à la déontologie et aux droits et obligations des fonctionnaires actualise et complète les principes du statut général des fonctionnaires.

■ Elle énonce les principes suivants :

– **le fonctionnaire doit pouvoir consulter un référent déontologue** : ce dernier est chargé de lui apporter tout conseil utile au respect de ses obligations et des principes déontologiques. Les centres de gestion exercent la fonction de référent déontologue dans le cadre de leurs missions obligatoires pour les collectivités affiliées ;

– **la loi assure une protection accrue des lanceurs d'alerte** : elle ne concernait précédemment que la dénonciation des crimes et délits, elle est désormais étendue aux conflits d'intérêts ;

– **la loi renforce également la protection fonctionnelle des agents et de leurs familles.**

Fiche 9

Comprendre la fonction publique

Les obligations des fonctionnaires

Parallèlement aux droits des fonctionnaires, des obligations ont été définies par la loi et par la jurisprudence. Certaines obligations sont le pendant de certains droits : par exemple, si le fonctionnaire a un « droit » à la formation, il a également le « devoir » de se former pour s'adapter aux évolutions du service.

1 Un fonctionnaire exerce les missions qui lui sont confiées

<table>
<tr><th colspan="2">L'obligation de service et l'interdiction de cumul</th></tr>
<tr><td colspan="2">• Assiduité, ponctualité. Obligation de respecter les horaires de travail. Toute absence doit être autorisée par le supérieur hiérarchique. Toute absence pour cause de maladie doit être signalée au plus vite.
• Les fonctionnaires consacrent l'intégralité de leur activité professionnelle aux tâches qui leur sont confiées. Ils ne peuvent exercer une activité privée lucrative de quelque nature que ce soit (sauf cas particuliers prévus par la loi).</td></tr>
<tr><th colspan="2">L'obligation d'obéissance hiérarchique</th></tr>
<tr><td colspan="2">• L'agent doit obéir aux ordres et consignes donnés.
• L'ordre peut être écrit ou oral ; individuel ou collectif.
• Le fonctionnaire doit se conformer aux instructions de son supérieur hiérarchique, sauf dans 2 cas.</td></tr>
<tr><td>1. La désobéissance à un ordre manifestement illégal <u>ET</u> de nature à compromettre gravement un intérêt public.
Deux conditions cumulatives. La seule illégalité ne suffit pas à rendre légitime le refus d'obéissance. La place de l'agent dans la hiérarchie, son niveau de responsabilité, de rémunération, sont pris en compte par le juge pour déterminer sa capacité d'appréciation du risque pénal.</td><td>2. Le droit de retrait. L'agent estime qu'une situation de travail présente un danger grave <u>ET</u> imminent pour sa vie ou sa santé.
→ Information de l'autorité administrative et signalement sur le registre spécial
→ Enquête immédiate menée par l'autorité hiérarchique
→ Application des mesures destinées à faire cesser le danger (dans les 15 jours)</td></tr>
<tr><th colspan="2">L'obligation d'information du public</th></tr>
<tr><td colspan="2">Les fonctionnaires ont le devoir de satisfaire aux demandes d'information du public. Cette obligation s'exerce dans le respect des règles relatives au secret professionnel, au droit de l'accès aux documents administratifs et à l'obligation de discrétion professionnelle.</td></tr>
</table>

L'obligation de formation
Le fonctionnaire a le devoir de s'adapter au service public et de mettre ses connaissances à jour régulièrement. Le manquement à cette obligation constitue une faute.

2 Des obligations de secret et de discrétion

L'obligation de secret professionnel
Les fonctionnaires sont tenus au secret professionnel concernant ou intéressant des particuliers à moins que les nécessités du service ou des obligations légales ne leur imposent la communication des informations dont ils ont eu connaissance dans l'exercice ou à l'occasion de l'exercice de leur fonction.
L'obligation de réserve
La réserve ne concerne pas uniquement l'expression des opinions. Elle impose au fonctionnaire d'éviter en toutes circonstances des comportements portant atteinte à la considération du service public par les usagers, dans le service comme en dehors du service (obligation de loyauté).
L'obligation de discrétion professionnelle
Les fonctionnaires doivent faire preuve de discrétion professionnelle pour tous les faits, informations ou documents dont ils ont connaissance dans l'exercice ou à l'occasion de l'exercice de leurs fonctions. Ils ne peuvent être déliés de cette obligation de discrétion professionnelle que par décision expresse de l'autorité dont ils dépendent.

3 Des obligations morales

L'obligation de neutralité
Le devoir de neutralité interdit à tout collaborateur du service public de manifester ses opinions dans l'exercice de ses fonctions, de quelque manière que ce soit.
L'obligation d'égalité
Au nom du principe d'égalité, le fonctionnaire doit respecter les opinions et les croyances des usagers (politiques, religieuses, philosophiques, etc.).

La loi n° 2016-483 du 20 avril 2016 relative à la déontologie et aux droits et obligations des fonctionnaires actualise et complète les principes du *Statut général des fonctionnaires*.

L'obligation du respect du principe de laïcité (loi du 20 avril 2016)
Le fonctionnaire doit traiter de façon égale tous les usagers, indépendamment de leurs origines, leur sexe, leurs convictions politiques ou religieuses, respecter leur liberté de conscience et leur dignité. Il lui est interdit de manifester ses opinions religieuses durant son service.
L'obligation de probité, dignité et impartialité
• **La probité** impose au fonctionnaire de ne pas utiliser ses fonctions pour en tirer un profit personnel. • **La dignité** : le fonctionnaire ne doit pas, par son comportement, porter atteinte à la réputation de son administration (dénonciation calomnieuse, scandale public en état d'ébriété...). • **L'impartialité** exige du fonctionnaire de se départir de tout préjugé d'ordre personnel et d'adopter une attitude impartiale dans ses fonctions.
L'obligation d'intégrité
Le fonctionnaire veille à faire cesser immédiatement ou à prévenir les situations de conflit d'intérêts dans lesquelles il se trouve ou pourrait se trouver (interdiction de prendre des intérêts dans une entreprise soumise au contrôle de l'administration dont il relève).
L'obligation de se consacrer entièrement à ses fonctions
En principe, un fonctionnaire ne peut en aucun cas cumuler ses fonctions avec une autre activité, privée ou publique. Il existe néanmoins des exceptions, par exemple pour les activités d'enseignement ou d'écriture.

Les sanctions disciplinaires

L'agent public qui, dans l'exercice ou à l'occasion de l'exercice de ses fonctions, manque à ses obligations professionnelles, est susceptible de poursuites disciplinaires, sans préjudice, le cas échéant, de poursuites pénales, les unes et les autres prévues par la loi.

1 La notion de faute du fonctionnaire

■ Tout agent des trois fonctions publiques – titulaire comme non titulaire – quel que soit son rang dans la hiérarchie, est **responsable de l'exécution des tâches qui lui sont confiées**. Dès lors, **toute faute commise dans ou à l'occasion de l'exercice de ses fonctions**, l'expose à une **suspension** et/ou une **sanction disciplinaire**.

■ Par ailleurs, pour les mêmes faits, un agent public peut faire l'objet d'une **sanction disciplinaire** et d'une **sanction pénale**, la répression disciplinaire et la répression pénale s'exerçant distinctement. Ainsi :
– un même fait peut justifier à l'encontre de la même personne à la fois une sanction pénale et disciplinaire ;
– l'autorité investie du pouvoir disciplinaire n'est pas liée par la décision intervenue au pénal, sauf en ce qui concerne la constatation matérielle des faits et lorsqu'une sanction pénale entraîne une déchéance (droits civiques, nationalité française, interdiction d'exercer toute fonction ou emploi public).

• **Exemple**

L'absentéisme répété peut constituer une faute disciplinaire
En effet, l'agent régulièrement absent de son poste, alors qu'il est tenu de respecter les contraintes liées à son emploi, manque à son obligation professionnelle, ce qui constitue une violation du devoir de servir.

■ De manière générale, peuvent entraîner une sanction éventuelle, les agissements suivants :
– le non-respect des règles de discipline fixées par le règlement intérieur ou par note de service ;
– le refus de se conformer à un ordre, sauf si ce dernier est manifestement illégal et de nature à compromettre gravement un intérêt public ;
– le non-respect de l'obligation de discrétion et de loyauté ;
– les critiques, injures, menaces, violences ;
– les erreurs ou négligences commises dans l'exercice de ses fonctions ;
– tout acte de harcèlement.

■ En outre, **les manquements dans la vie privée** peuvent aussi être retenus comme faute s'ils portent atteinte à la dignité du corps auquel appartient l'agent.

2 Le pouvoir disciplinaire

■ Avant la mise en œuvre de la procédure disciplinaire, si la faute présente **un caractère de gravité <u>et</u> une vraisemblance suffisantes**, l'autorité investie du pouvoir disciplinaire peut prononcer la **suspension de l'agent** (voir paragraphe 4. La suspension).

■ Le pouvoir disciplinaire est exercé par l'autorité ayant le pouvoir de recruter (ministre, autorité territoriale : maire, président de région ou département, directeur d'établissement public, notamment hospitalier). Après avis de la commission administrative paritaire (CAP), hormis pour les sanctions du 1er groupe, le pouvoir disciplinaire s'exerce en conseil de discipline. Le conseil détermine si les faits sont fautifs ou non et, le cas échéant, si la faute mérite une sanction ainsi que le type de sanction.

■ Cette sanction, motivée **en droit et en fait**, est notifiée à l'agent et devient exécutoire.

■ Sous réserve d'annulation pour irrégularité de la sanction, l'autorité de nomination est tenue d'informer l'agent de l'engagement d'une procédure disciplinaire, de son droit à la communication de l'intégralité de son dossier individuel, à se faire assister d'un (ou plusieurs) conseiller de son choix, à présenter des observations écrites ou orales.

	Sanctions applicables aux fonctionnaires titulaires		
	FPE	**FPT**	**FPH**
1er groupe	• Avertissement • Blâme • Exclusion temporaire de fonctions de 1 à 3 jours		
2e groupe	• Radiation du tableau d'avancement • Abaissement d'échelon à l'échelon immédiatement inférieur à celui détenu par le fonctionnaire • Exclusion temporaire de fonctions de 4 à 15 jours		
	FPE	**FPT**	**FPH**
	Déplacement d'office	...	......
3e groupe	• Rétrogradation au grade immédiatement inférieur, à un échelon comportant un indice égal ou immédiatement inférieur à celui détenu par le fonctionnaire • Exclusion temporaire de fonctions de 16 jours à 2 ans		
4e groupe	• Mise à la retraite d'office • Révocation		

■ Dans les trois fonctions publiques, la radiation du tableau d'avancement peut également être prononcée comme sanction complémentaire d'une sanction des 2e et 3e groupes.

3 Les voies de recours contre les sanctions disciplinaires

■ La sanction peut faire l'objet :
– soit d'**un recours administratif gracieux** (adressé directement à la personne qui a pris la décision) ou **hiérarchique** (au supérieur hiérarchique de la personne qui a pris la décision) ;
– soit d'**un recours contentieux** devant le juge administratif ne suspendant pas l'exécution de la sanction disciplinaire.

■ Dans certains cas, la décision de sanction peut faire l'objet d'un recours devant une instance disciplinaire de recours.

■ La sanction reste immédiatement applicable même si le fonctionnaire fait un recours.

4 La suspension : une mesure conservatoire

■ Avant la mise en œuvre de la procédure disciplinaire, en cas de faute grave (manquement à ses obligations professionnelles ou infraction de droit commun), l'autorité investie du pouvoir disciplinaire peut prononcer la suspension de l'agent. Le conseil de discipline doit alors être saisi et la situation de l'agent suspendu définitivement réglée dans le délai de quatre mois.

■ La suspension de l'agent, qui **n'est pas une sanction** et **ne préjuge pas de la sanction qui sera finalement appliquée**, s'analyse comme une mesure conservatoire afin de protéger l'intérêt du service public. Cette mesure d'urgence n'a pas à être précédée de la communication du dossier. Elle n'a pas non plus à être motivée.

■ Elle est limitée à quatre mois : la situation de l'agent doit être définitivement réglée dans ce délai. À défaut, l'agent doit être rétabli dans ses fonctions sauf s'il fait l'objet de poursuites pénales. Dans ce cas, (par exemple, pour des faits graves tels que le vol), il ne reprend pas son poste et peut subir une retenue de 50 % sur son traitement et l'indemnité de résidence.

Comprendre la fonction publique

La formation tout au long de la vie

La loi du 13 juillet 1984, modifiée en profondeur par la loi du 19 février 2007, détermine les différents types de formation offerts aux agents territoriaux. Elle distingue, d'une part, les formations statutaires obligatoires, et, d'autre part, les formations facultatives.

1 Les formations obligatoires[1]

■ La formation statutaire obligatoire prévoit :
– des actions favorisant l'intégration des agents de toutes catégories ;
– des actions de professionnalisation, dispensées tout au long de la carrière et à l'occasion de l'affectation dans un poste à responsabilité.

■ Les actions de formation comprennent des :
– **formations d'intégration** visant l'acquisition de connaissances relatives à l'environnement territorial qui doivent intervenir au cours de l'année de nomination et préalablement à la titularisation ;
– **formations de professionnalisation** visant l'adaptation à l'emploi et le maintien à niveau des compétences qui se composent :
  – des formations de professionnalisation au premier emploi ;
  – des formations de professionnalisation tout au long de la carrière ;
  – des formations de professionnalisation suivies à la suite d'une affectation sur un poste à responsabilité.

■ Les durées et les périodicités de ces différentes formations sont identiques pour tous les cadres d'emplois, à l'exception des personnels d'encadrement supérieur et des filières sapeur-pompier et police municipale.

■ L'accès à un nouveau cadre d'emplois par promotion interne est subordonné au respect des obligations de formation prévues dans le cadre d'emplois d'origine.

■ La mise en œuvre de ces formations est confiée, de manière exclusive, au **Centre national de la fonction publique territoriale (CNFPT)**, au titre de sa principale mission obligatoire. Elles sont financées à travers la cotisation du « 0,9 % formation » versée par les collectivités territoriales au CNFPT.

1. Informations du site Collectivités locales : https://www.collectivites-locales.gouv.fr. Consulté le 27/02/2020.

2 Les autres types de formations

Relèvent de ces formations :
- les préparations aux concours et aux examens professionnels ;
- les formations de perfectionnement dispensées en cours de carrière ;
- les formations personnelles ;
- les actions de lutte contre l'illettrisme.

■ Ces formations concernent les fonctionnaires territoriaux aussi bien que les agents non-titulaires.

■ Elles sont accordées sous réserve des nécessités de service mais peuvent aussi être rendues obligatoires par l'employeur. L'autorité territoriale ne peut opposer deux refus successifs à un fonctionnaire demandant à bénéficier de ces actions qu'après avis de la commission administrative paritaire compétente.

■ Par ailleurs, les agents territoriaux peuvent bénéficier d'un compte personnel de formation (CPF).

3 Les outils utilisés dans le cadre du dispositif de formation

A| Le plan de formation

■ Le plan de formation, qui détermine le programme des formations de la collectivité, est obligatoirement établi par les employeurs territoriaux. Le programme des actions entrant dans ce cadre concerne les formations obligatoires d'intégration et de professionnalisation, de perfectionnement et de préparation aux concours et examens professionnels.

■ Il est un **élément essentiel de la politique de formation de la collectivité**, qui constitue une rencontre entre l'offre et la demande de formation.

B| Le livret individuel de formation

■ Il s'agit d'un document qui est la propriété de l'agent et qui retrace les formations et bilans de compétence suivis tout au long de sa carrière. Il peut être utilisé :
- pour réduire la durée des formations obligatoires ;
- à l'occasion de l'examen de la valeur professionnelle et des acquis de l'expérience professionnelle lors de l'avancement de grade ou de la promotion interne.

■ Il est remis à chaque agent, fonctionnaire ou non titulaire, occupant un emploi permanent de la fonction publique territoriale.

L'administration de la fonction publique

La gestion des agents est assurée par des organes soit externes, soit intégrés à l'autorité de nomination sur le plan local et/ou national. Les lois portant dispositions statutaires relatives aux trois fonctions publiques ont été modifiées en profondeur par la loi n° 2019-828 du 6 août 2019 de transformation de la fonction publique.

1 L'administration de la fonction publique d'État

FONCTION PUBLIQUE DE L'ÉTAT		
Organes centraux	**Organes de participation**	**Organes internes**
Le Premier ministre. Il est chargé de veiller à l'application du *Statut général de la Fonction publique*.	**Le Conseil Commun de la Fonction Publique – CCFP.** Il est saisi des projets de loi ou d'ordonnance de projets de décret, communs aux trois fonctions publiques.	**La Commission Administrative Paritaire – CAP.** Elle est obligatoirement consultée pour ce qui concerne la carrière des agents à titre individuel : avancement, promotion interne, évaluation professionnelle, sanctions...
Le ministre de la Fonction publique. Voir précisions ci-après.	**Les Conseils supérieurs.** Le Conseil supérieur de la fonction publique d'État – CSFPE ; Le Conseil supérieur de la fonction publique territoriale – CSFPT ; Le Conseil supérieur de la fonction publique hospitalière – CSFPH.	**La Commission Consultative Paritaire – CCP.** Elle règle les questions individuelles concernant les contractuels.

FONCTION PUBLIQUE DE L'ÉTAT		
Organes centraux	**Organes de participation**	**Organes internes**
La Direction Générale de l'Administration et de la Fonction Publique – DGAFP. Elle pilote, conçoit, coordonne et met en œuvre la politique d'ensemble de la fonction publique – DRH de l'État.		**Le Comité Social d'administration**. Fusion du Comité Technique – CT et Comité d'hygiène et de sécurité et des conditions de travail – CHSCT (loi du 6 août 2019).

A| Le ministre chargé de la fonction publique

■ Le gouvernement français peut avoir un **ministre chargé de la fonction publique**. Néanmoins, il est le plus souvent associé à d'autres portefeuilles, comme la réforme de l'État, le budget ou encore la décentralisation.

■ Dans l'actuel gouvernement (celui d'Édouard Philippe en mars 2020), **Gérald Darmanin**, ministre de l'Action et des Comptes publics, est chargé de la fonction publique. De plus, **Olivier Dussopt**, nommé le 24 novembre 2017 secrétaire d'État auprès du ministre de l'Action et des Comptes publics, est notamment chargé de la fonction publique.

■ Bien qu'il ne soit pas placé auprès du Premier ministre, le ministre de la fonction publique agit par délégation du Premier ministre pour une grande partie de ses attributions, compte tenu des compétences générales que détient le Premier ministre sur la fonction publique.

■ Le ministre prépare et met en œuvre la politique du gouvernement en matière de fonction publique, préside le CCFP, veille au respect tant des droits et obligations de l'ensemble des fonctionnaires que des principes régissant leur carrière, conduit la politique de rénovation de la gestion des ressources humaines dans les administrations publiques, a autorité sur la DGAFP (conjointement avec le Premier ministre) et sur le service à compétence nationale Opérateur national de Paye (conjointement avec le ministre des Finances et des Comptes publics).

B| La Haute Autorité pour la transparence de la vie publique (HATVP)

■ En application de la **loi du 6 août 2019 de transformation de la fonction publique**, la Haute Autorité est chargée, depuis le 1er février 2020, de contrôler la déontologie de certains responsables et agents publics dans le cadre de leurs mobilités entre les secteurs public et privé. Elle s'est ainsi vu confier une partie des missions de la Commission de déontologie de la fonction publique (CDFP).

■ La Haute Autorité pour la transparence de la vie publique est une autorité administrative indépendante (AAI) chargée d'une mission de service public et de promouvoir la probité et l'exemplarité des responsables publics.

2 L'administration de la fonction publique territoriale

FONCTION PUBLIQUE TERRITORIALE	
Organismes de gestion	**Organismes paritaires**
Au niveau national	**Au niveau national**
Le Centre National de la Fonction Publique Territoriale – CNFPT. Sa principale mission est centrée sur la formation des agents territoriaux. Il est composé de membres élus représentant les collectivités territoriales et de membres désignés par les syndicats pour représenter le personnel.	**Le Conseil Commun de la Fonction Publique – CCFP.** Il est saisi des projets de loi ou d'ordonnance et, lorsqu'une disposition législative ou réglementaire le prévoit, de projets de décret, communs aux trois fonctions publiques, à l'exception des textes spécifiques à chaque fonction publique. **Le Conseil Supérieur de la Fonction Publique Territoriale – CSFPT.** Il donne son avis sur les projets de lois ou de décrets relatifs à la fonction publique territoriale et accomplit des missions d'études et de traitements statistiques.
Organismes de gestion	**Organismes paritaires**
Au niveau local	**Au niveau local**
Les centres départementaux et interdépartementaux de gestion de la fonction publique territoriale. • Ils assurent le fonctionnement des instances consultatives : CAP, CT et conseil de discipline des collectivités affiliées. • Ils organisent les concours et examens professionnels des agents de catégories A, B et C et établissent les listes d'aptitude. • Ils assurent la publicité des créations et vacances d'emplois. • Ils prennent en charge les fonctionnaires privés d'emploi (catégories A, B et C).	• **La Commission Administrative Paritaire – CAP.** Elle doit être obligatoirement consultée pour ce qui concerne la carrière des agents à titre individuel : l'avancement, la promotion interne, l'évaluation professionnelle, les sanctions, le refus de titularisation… ; le détachement, la disponibilité (sauf si accordés de droit) • **Le Comité Social Territorial.** Fusion du Comité Technique (CT) et du Comité d'hygiène et de sécurité et des conditions de travail (CHSCT) lors des prochaines élections professionnelles de 2022, selon la loi du 6 août 2019 de transformation de la fonction publique.

La loi de transformation de la fonction publique

La loi du 6 août 2019 de transformation de la fonction publique est une vaste réforme qui concerne l'ensemble des agents (d'État, hospitaliers, territoriaux). Certaines des mesures mises en place sont inspirées du droit privé, comme le comité social, le contrat de projet... Plus de 50 décrets d'application et 7 ordonnances doivent préciser et compléter cette réforme.

1 Présentation[1]

■ **La loi du 6 août 2019 de transformation de la fonction publique**, publiée au Journal officiel le 7 août, entrée en vigueur le 8 août, touche aux lignes maîtresses de la gestion des emplois publics en assouplissant les règles de recrutement et de mobilité professionnelle, en refondant le dialogue social et en érigeant l'égalité professionnelle en principe de gestion des agents publics et de leur déroulement de carrière.

■ Elle impacte la **gestion des ressources humaines** dont : le dialogue avec les organisations syndicales, les procédures de recrutement et d'emploi, les perspectives de mobilité, de départ de la fonction publique.

■ Cette loi porte aussi l'ambition de donner aux employeurs publics une place centrale dans les décisions d'évolution de carrière en les dotant d'outils adaptés au contexte local.

■ Elle vise 5 objectifs au travers de ces 5 titres :

1. **promouvoir un dialogue social plus stratégique**, efficace et réactif, dans le respect des garanties des agents publics ;
2. **transformer et simplifier le cadre de gestion des ressources humaines** pour une action publique plus efficace ;
3. **simplifier et garantir la transparence et l'équité** du cadre de gestion des agents publics ;
4. **favoriser la mobilité et accompagner les transitions professionnelles** des agents publics ;
5. **renforcer l'égalité professionnelle** dans la fonction publique entre les femmes et les hommes, comme vis-à-vis des agents en situation de handicap.

1. D'après le site du Centre de gestion 77 : https://www.cdg77.fr/Toute-l-actualite/A-la-une/Loi-de-transformation-de-la-Fonction-publique. Consulté le 28/02/2020.

2 Les principales dispositions de la loi de transformation de la fonction publique

A| Les dispositions relatives au dialogue social et à l'évolution des instances paritaires

La loi modifie le fonctionnement et le champ de compétences des instances paritaires : création d'un comité social (d'administration pour la FPE et la FPH ; territorial pour la FPT), compétences des commissions administratives paritaires et du comité social, définition des lignes directrices de gestion, du rapport social unique, réforme des commissions consultatives paritaires.

B| Les dispositions relatives à la gestion des ressources humaines et aux conditions de travail

Différentes mesures impactent les conditions de travail des agents : la création d'un congé de proche aidant, les droits de l'agent en congé parental, la disponibilité, la suppression des régimes dérogatoires à la durée légale du temps de travail, les autorisations d'absence liées à la parentalité et à l'occasion de certains événements familiaux, l'échelle des sanctions disciplinaires, l'évolution du droit de grève, bilan de carrière en cas de pénibilité, l'accompagnement et le licenciement des fonctionnaires pris en charge.

C| Les dispositions relatives aux contractuels

Le recours aux contractuels de droit public est étendu et les dispositions applicables à la gestion des contractuels évoluent : procédure de recrutement, abaissement du seuil démographique, création d'un contrat de projet, élargissement des cas de recours au contrat sur emploi permanent dans toutes les catégories, obligation de formation d'intégration, extension de la portabilité des CDI, rupture conventionnelle, indemnité de précarité…

D| Les dispositions relatives à la mobilité et à l'évolution professionnelle

La loi comporte plusieurs mesures impactantes pour la mobilité et l'évolution professionnelle : financement de l'apprentissage, formation au management, organisation des concours sur titres, création d'un détachement d'office en cas d'externalisation de services, suppression de la Commission de déontologie au profit de la HATVP et renforcement des contrôles déontologiques.

E| Les dispositions relatives à l'égalité professionnelle

La loi de transformation de la fonction publique entend renforcer l'égalité professionnelle par la mise en place d'un dispositif de signalement des violences sexuelles, du harcèlement et des agissements sexistes, d'un plan d'actions relatif à l'égalité professionnelle, des mesures en faveur des nominations équilibrées au sein des emplois de direction et d'une représentation équilibrée des membres des jurys de concours ainsi que de nombreuses mesures concernant les agents en situation de handicap.

F| Les dispositions relatives aux droits et obligations des fonctionnaires[2]

La loi du 6 août 2019 de transformation de la fonction publique modifie la durée de travail (35 heures), le droit de grève (encadré dans certains services publics locaux), la discipline, les congés (notamment ceux de proche aidant), la protection de la santé des agents...

3 Les principales loi de la fonction publique

Parmi les textes d'envergure qui ont marqué l'histoire de la fonction publique, il faut noter les lois du :

– **19 octobre 1946** relative au statut général des fonctionnaires. Elle fixe le premier statut des fonctionnaires d'État, remplacé par l'ordonnance du 4 février 1959, pour ces mêmes fonctionnaires ;
– **13 juillet 1983** portant droits et obligations des fonctionnaires, dite loi Le Pors, commune aux trois fonctions publiques et formant le *Statut général des fonctionnaires* ;
– **11 janvier 1984** portant dispositions statutaires relatives à la fonction publique de l'État ;
– **26 janvier 1984** portant dispositions statutaires relatives à la fonction publique territoriale ;
– **9 janvier 1986** portant dispositions statutaires relatives à la fonction publique hospitalière ;
– **26 juillet 2005** qui crée un statut de contractuel à durée indéterminée sur des emplois permanents et achève l'ouverture de la fonction publique aux ressortissants européens exceptions faites pour certains emplois ;
– **2 février 2007** de modernisation de la fonction publique qui vise à améliorer le déroulement des carrières des fonctionnaires par des mesures relatives à la formation, la mobilité et le cumul d'activités ;
– **20 avril 2016** relative à la déontologie et aux droits et obligations des fonctionnaires qui inscrit dans le *Statut général des fonctionnaires* les obligations de dignité, d'impartialité, d'intégrité, de probité, de neutralité et le respect du principe de laïcité ;
– **6 août 2019** de transformation de la fonction publique et de son calendrier de mise en œuvre qui vise à moderniser le statut et les conditions de travail dans la fonction publique.

2. D'après le site Vie publique : https://www.vie-publique.fr. Consulté le 28/02/2020.

Fiche 14

Comprendre l'organisation nationale de l'État

L'État

En droit international, pour qu'il y ait un État, il est exigé un gouvernement qui exerce effectivement un pouvoir sur la population vivant sur un territoire. Ce gouvernement peut se présenter sous quelque forme que ce soit du moment qu'il est effectif. C'est donc dans le sens d'organisation politique ou d'appareil d'État que cette notion est ici présentée.

1 Qu'est-ce qu'un État ?

■ Pour qu'un pays soit reconnu comme étant un **État de plein droit**, il doit **obligatoirement** réunir les conditions ci-dessous :

1	2	3
• Un territoire • Une population • Une autorité publique (pouvoir exécutif + législatif + judiciaire) **Si l'un de ces éléments est absent,** nous ne pouvons pas parler d'État.	Une **souveraineté nationale** (exercée par des représentants élus par le peuple au suffrage universel direct ou indirect) = **Autorités** qui définissent les règles du droit	• Une personnalité juridique, dans ce cas, la **personnalité morale de droit public**. • Des **compétences** qui lui sont propres (régaliennes). • Un **pouvoir de décision**. **Si l'un de ces éléments est absent,** nous ne pouvons pas parler d'État.

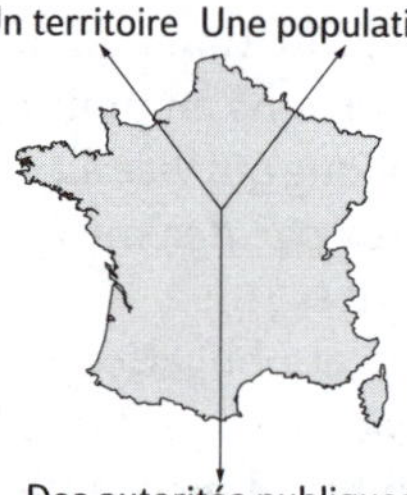	Un État est dit **souverain** quand il exerce un pouvoir sans concurrence car lui seul dispose de certaines prérogatives. En droit, c'est **la Constitution** qui définit comment s'exerce la souveraineté, quelles sont les institutions qui détiennent le pouvoir et comment elles sont contrôlées.	• La personnalité morale de l'État lui confère **des droits et des devoirs** en lieu et place des personnes physiques ou morales qui le composent. • La personne morale n'a pas d'existence corporelle, mais constitue **un sujet de droit, titulaire d'un patrimoine collectif distinct** de celui des individus qui la constituent. • La personnalité morale confère à l'État **une identité**, à l'égal d'une personne physique : nom, domicile, nationalité, patrimoine ; lui permet d'ester en justice, de conclure des contrats, d'acquérir ou céder des biens meubles ou immeubles ; d'être sanctionnée.

■ L'État français réunit cet ensemble de conditions obligatoires. De ce fait, il est bien un véritable État de plein droit.

2 Qu'est-ce qu'un État de droit ?

■ Aucun État ne peut vivre sans **un minimum de règles**, dans l'objectif de rendre la vie en groupe possible ; d'assurer la stabilité de la société ; de garantir le bien commun en maintenant un certain ordre ; de permettre l'activité économique ; de protéger le plus faible du plus fort... **L'ensemble des normes, règles et lois qui régit la vie en société, l'ordre, l'activité économique forme le droit – civil, pénal, économique...**

■ Certains États vont encore plus loin dans l'usage et l'application de cet ensemble de textes législatifs en faisant **obligation à ses propres autorités publiques de respecter et de se soumettre à ces textes législatifs**, y compris les trois organes chargés de la création, de l'exécution et du respect de cet ensemble : l'organe législatif (Parlement) ; l'organe exécutif (Président et gouvernement) ; l'organe judiciaire (magistrats).

À retenir

Un État de droit désigne donc un État dans lequel l'autorité publique respecte et s'applique à elle-même les règles de droit qu'elle a elle-même définies et elle-même mises en place via *son pouvoir législatif.*

■ De fait, ce principe implique, d'une part, que chaque règle de droit tire sa validité de sa conformité aux règles supérieures (**hiérarchie des règles de droit**) et, d'autre part, que l'État de droit est très étroitement soumis au respect de la **séparation des pouvoirs** et des droits fondamentaux des citoyens.

3 Quel type d'État pour la France ?

L'État français est un **État de droit** fondé sur :
- la **hiérarchie des règles de droit** ;
- la **séparation des pouvoirs** : pouvoir exécutif, pouvoir législatif et pouvoir judiciaire ;
- les **droits fondamentaux** : la Déclaration des droits de l'homme et du citoyen de 1789, le Préambule de la Constitution de 1946, la Charte de l'environnement de 2004 et les principes fondamentaux reconnus par les lois de la République.

Fiche 14

A| La hiérarchie des règles de droit

À savoir

La Constitution est le texte de droit fondamental qui définit comment s'exerce la souveraineté, quelles sont les institutions qui détiennent le pouvoir et comment elles sont contrôlées.

La hiérarchie des règles de droit, dite aussi **hiérarchie des normes**, est une expression juridique qui traduit l'organisation des règles de droit sous forme hiérarchique selon **le principe que chaque règle de droit inférieure tire sa validité de sa conformité aux règles supérieures**.

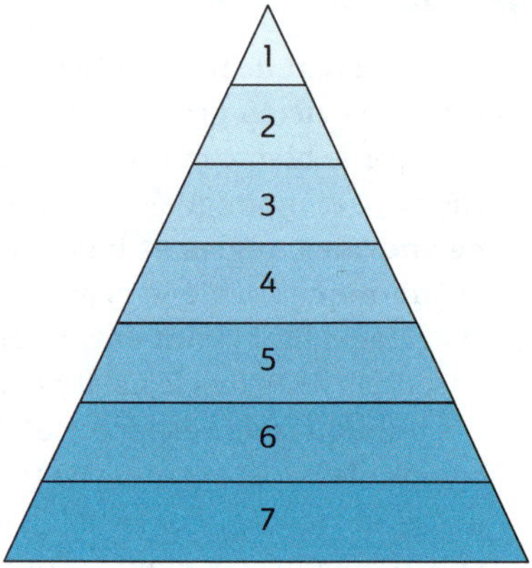

B| La séparation des pouvoirs, au nombre de trois

1. Le pouvoir exécutif

Il applique les lois et gère la politique courante. En France, il est représenté par le trio « Président de la République + Premier ministre + Ministres/Secrétaires d'État ».

2. Le pouvoir législatif

Il élabore et vote la loi et le budget. Il est incarné, d'une part, par les députés (Assemblée nationale) et, d'autre part, par les sénateurs (Sénat). La réunion des deux chambres est nommée : Parlement.

3. Le pouvoir judiciaire

Il contrôle l'application de la loi et sanctionne le non-respect de la loi. Il est principalement représenté par les **juridictions judiciaires** et les **juridictions administratives**.

C| Les droits fondamentaux des citoyens

Plusieurs types de droits fondamentaux sont à distinguer :
– les **droits inhérents à la personne humaine** (« droits de ») et ceux qui en découlent ;
– les **droits sociaux**, c'est-à-dire nécessitant une action positive de la collectivité (« droits à ») ;
– les **droits dits « de troisième génération »** (« droits pour »).

Fiche 15

Comprendre l'organisation nationale de l'État

L'organisation administrative de l'État

L'État, issu de la volonté d'un peuple, est une personne morale dont l'autorité souveraine s'exerce sur l'ensemble d'une population et d'un territoire déterminés. Néanmoins, afin d'exercer son autorité, de rendre la vie en groupe possible, d'assurer la stabilité de la société, de garantir le bien commun en maintenant un certain ordre, de permettre l'activité économique… l'État ne peut pas vivre sans un minimum de lois, normes, règles. Cet ensemble de textes qui régit la vie en société, l'ordre, l'activité économique forme le droit – public, civil, pénal, économique…

1 Le droit public organise l'État français

■ Dans toute société humaine, il existe des règles de droit qui régissent les rapports entre les personnes privées qu'elles soient physiques (particuliers) ou morales (entreprises, associations…) : le **droit privé**. Celui-ci traite des actes et de la vie des particuliers comme le mariage, le divorce, l'héritage, l'adoption, la propriété, les contrats, etc.

■ À côté, voire au-dessus de ce droit privé, s'est développé un ensemble de règles de droit qui, lui, régit l'organisation et le fonctionnement de l'État, de l'administration, des collectivités territoriales et des institutions rattachées à l'État ainsi que leurs relations avec les personnes privées ; ce droit est le **droit public**.

■ Avec des prérogatives spécifiques à la puissance publique, le droit public défend **l'intérêt général**. Il s'oppose en cela au droit privé qui régit les rapports entre les personnes privées, physiques ou morales. **Le droit public recouvre plusieurs domaines** : le droit constitutionnel, le droit administratif, le droit fiscal, les finances publiques, le droit international public (rapports entre les États ou les organisations internationales).

2 La Constitution, texte législatif fondamental

■ Une Constitution peut prendre la forme d'un **texte unique** ou d'un **ensemble de lois** ; être écrite ou coutumière ; faire l'objet de certaines modifications et révisions. C'est un outil permettant de fixer le cadre général au regard de l'organisation d'un État tout en assurant le respect des droits de chacun.

Une Constitution est donc la loi fondamentale d'un État qui définit les droits et les libertés des citoyens ainsi que l'organisation et les séparations des pouvoirs politiques, précise l'articulation, le fonctionnement et les relations des différentes institutions qui composent l'État. Par conséquent, toutes les lois, tous les décrets, arrêtés et traités internationaux doivent être conformes aux règles qu'elle définit (hiérarchie des normes).

■ Si la souveraineté nationale appartient au peuple, elle est exercée par les représentants élus par le peuple. Aussi, afin d'éviter que tous les pouvoirs ne soient concentrés entre les mains d'un seul homme ou d'un seul groupe, la Constitution française garantit les droits fondamentaux des citoyens ; prévient l'arbitraire de la part des différents pouvoirs en instituant le principe de la **séparation des pouvoirs**.

3 La séparation des trois pouvoirs

La Constitution organise les différents pouvoirs publics que comporte l'État ; elle règle également les relations entre ces pouvoirs ; enfin, elle prévoit un certain contrôle des pouvoirs les uns envers les autres, limitant ainsi les possibilités d'arbitraire. Au sein d'une société démocratique, cette séparation participe de l'équilibre des trois pouvoirs que sont : le pouvoir exécutif, le pouvoir législatif, le pouvoir judiciaire.

A| Le pouvoir exécutif

■ Il a en charge **l'application des lois et la gestion de la politique courante**.
■ Il est représenté par un **président de la République**, élu au suffrage universel direct pour cinq ans, et par un **gouvernement dirigé par un Premier ministre**.
■ Le président de la République nomme le Premier ministre puis, sur proposition de celui-ci, nomme les autres membres du gouvernement.

À savoir
Les ministres ne sont ni des élus, ni des fonctionnaires. Ils ont une mission ponctuelle pour laquelle ils ne perçoivent pas un salaire mais une indemnité.

B| Le pouvoir législatif

■ Il élabore et vote **la loi** et **le budget**. Il est incarné :
– d'une part, par **l'Assemblée nationale** (les députés), élue au suffrage universel direct par la population pour un mandat de cinq ans. Les députés sont au nombre de 577 dont 228 femmes et 349 hommes en 2019 ;
– d'autre part, par **le Sénat** (les sénateurs). Les 348 sénateurs sont élus au suffrage universel indirect par environ 162 000 grands électeurs – députés et sénateurs, conseillers régionaux, conseillers départementaux, conseillers municipaux, élus, eux, au suffrage universel direct par la popu-

lation. Les sénateurs sont élus pour un mandat de six ans ; l'assemblée sénatoriale est renouvelée d'environ la moitié de ses sénateurs tous les trois ans. Ainsi, en septembre 2017, 170 sièges ont été renouvelés ; 178 sièges le seront lors des élections sénatoriales de septembre 2020.

■ La réunion de ces deux chambres constitue le **Parlement**, chargé de voter les lois et de contrôler l'action du gouvernement (Constitution, art. 24). En revanche, seule l'Assemblée nationale a le pouvoir de le renverser par le vote d'une **motion de censure** (Constitution, art. 49.2).

Rôle du député
Être député, c'est exercer un mandat confié par le peuple français au service de l'intérêt général, c'est-à-dire au service de la Nation tout entière et non ses seuls électeurs. Les députés sont aujourd'hui élus dans le cadre de circonscriptions, à l'intérieur d'un département dans la plupart des cas ; les pays et collectivités d'outre-mer ainsi que les Français établis hors de France élisent aussi des députés.
Rôle du sénateur
Être sénateur, c'est exercer un mandat confié par les grands électeurs au service des collectivités territoriales de métropole et d'outre-mer. De fait, le nombre de sénateurs par département n'étant pas proportionnel au nombre d'habitants, 53 % des délégués sont issus de communes de moins de 1 500 habitants alors que celles-ci ne représentent que 33 % de la population française.

C| Le pouvoir judiciaire

■ Il **contrôle l'application de la loi, sanctionne le non-respect de celle-ci** et **règle les conflits** des particuliers entre eux ou avec l'État ou une autre personne morale. L'indépendance du pouvoir judiciaire par rapport au pouvoir exécutif et au pouvoir législatif est inscrite dans la Constitution.

■ Ce pouvoir judiciaire est constitué d'un grand nombre d'instances spécialisées dans des domaines précis du droit : Cour de cassation, Conseil d'État, Prud'hommes, tribunal administratif, d'instance, de police...

Séparation des pouvoirs		
Pouvoir exécutif	**Pouvoir législatif**	**Pouvoir judiciaire**
Président de la République + Gouvernement dirigé par un Premier ministre	Assemblée nationale + Sénat = Parlement	Juges + Magistrats
Rôle Application des lois. Présentation de **projets** de lois.	**Rôle** Étudie, discute et vote les lois. Fait des **propositions** de lois.	**Rôle** Contrôle l'application des lois votées par le pouvoir législatif et sanctionne leur non-respect.

Fiche 16

Comprendre l'organisation nationale de l'État

Hiérarchie juridique et actes administratifs

La hiérarchie des normes juridiques, dite aussi hiérarchie des règles de droit, est une expression juridique qui traduit l'organisation des différents textes législatifs sous forme hiérarchique, selon le principe que chaque règle de droit inférieure tire sa validité de sa conformité aux règles supérieures.

1 Quelles normes pour la hiérarchie juridique ?

Hiérarchie des normes

1. Constitution, loi fondamentale d'un État, est généralement considérée comme la norme juridique la plus élevée car toutes les lois, tous les décrets, arrêtés et traités internationaux doivent être conformes aux règles qu'elle définit, sous peine d'annulation par une juridiction.

2. Les traités et accords internationaux sont subordonnés à la Constitution puisqu'ils ne peuvent produire d'effets juridiques s'ils lui sont contraires. Néanmoins, ils ont une valeur supérieure à la loi dès lors qu'ils ont été ratifiés ou approuvés par l'exécutif et appliqués par les autres États signataires.

3. Les lois organiques, lois relatives à l'organisation et au fonctionnement des pouvoirs publics.
Votées par le Parlement, elles précisent ou complètent les dispositions de la Constitution qui a fixé les principes généraux

4. Les lois « ordinaires », votées par le Parlement. Elles n'indiquent généralement que les grandes lignes : lois d'orientation, lois cadre… Elles doivent donc être complétées par des règlements élaborés par les autorités administratives : décrets, arrêtés…

5. Les décrets. Ils sont signés uniquement par le président de la République et/ou le Premier ministre et contresignés par les ministres intéressés à l'application du texte.

6. Tous les autres actes produits soit par les représentants de l'État (ministre, préfet) soit par les représentants d'autres personnes morales (maire). Il s'agit ainsi des :
Délibérations-Arrêtés-Contrats
Conventions-Marchés publics

2 Quels actes administratifs pour l'État ?

■ Un acte administratif est un acte juridique qui émane d'une autorité administrative et a pour finalité l'intérêt général. Il doit être conforme à un ensemble de règles de droit qui constituent la légalité administrative (voir Hiérarchie des normes).

■ Un acte administratif peut être :
- individuel si les destinataires sont identifiables (attribution d'un permis de construire, d'un arrêté de nomination) ;
- réglementaire s'il est de portée générale et impersonnelle ou concerne une catégorie de personnes définie de façon globale (les jeunes de moins de 25 ans, les femmes ayant eu au moins 3 enfants).

■ Ces actes administratifs sont classés en deux grandes familles : les actes unilatéraux et les actes contractuels.

A| Les actes unilatéraux

■ Un acte administratif unilatéral (AAU) est un acte qui fixe de nouvelles règles juridiques en créant des droits et des obligations à l'égard des administrés, sans requérir leur consentement. Il se distingue du contrat qui, lui, est fondé sur l'accord des deux parties. L'acte administratif unilatéral peut parfois être pris par une personne privée lorsqu'elle est chargée de la gestion d'un service public administratif.

■ Les actes administratifs unilatéraux se répartisse en deux catégories :
- **les actes réglementaires** concernent une situation générale (décrets, arrêtés, délibérations...). Ces documents sont soumis à publication et affichage sur des supports publics : Journal officiel, recueils des actes administratifs ou sur les panneaux administratifs dans les communes, pour être portés à la connaissance de la population ;
- **les actes non-réglementaires** ont soit une portée individuelle, soit une portée collective.

B| Les contrats administratifs

■ Les contrats administratifs sont une catégorie de contrats conclus par l'administration, qui peut également signer des contrats de droit privé. Les contrats – administratifs ou privé – constituent, avec les actes administratifs unilatéraux, le second moyen d'action de l'administration dans ses relations avec les administrés. Contrairement à l'acte unilatéral, le contrat suppose un accord entre différentes parties contractantes.

■ Un contrat est dit administratif dans plusieurs cas : si la loi le qualifie comme tel ou si un texte déclare le juge administratif compétent pour régler les conflits sur le contrat de l'administration dont il traite.

■ En l'absence de qualification du contrat par un texte, des critères dégagés par la jurisprudence doivent être présents :
- un des signataires du contrat est une personne publique ;
- le contrat vise l'exécution d'un service public ;

– le contrat contient des clauses qu'on ne trouverait pas dans un contrat privé, et qui confèrent à la personne publique des prérogatives ou des avantages exorbitants, ou imposent à son cocontractant des obligations ou des sujétions exorbitantes (dites clauses exorbitantes du droit commun).

■ Il existe plusieurs types de contrats administratifs dont les principaux sont :
– les marchés publics,
– les délégations de service public
– les contrats de partenariat public-privé.

3 Quelle est la procédure législative ordinaire ?

Le parcours d'une loi ordinaire, du projet au décret d'application

<table>
<tr><th colspan="3">1. Initiative de la loi</th></tr>
<tr><td colspan="2">Le Gouvernement rédige un projet de loi.</td><td>Un ou plusieurs députés ou sénateurs rédigent une proposition de loi.</td></tr>
<tr><th colspan="3">2. Départ du texte</th></tr>
<tr><td colspan="2">Soit à l'Assemblée nationale.
Priorité à celle-ci pour les lois de finances, les lois concernant les budgets.</td><td>Soit au Sénat.
Priorité à celui-ci pour les lois concernant les collectivités territoriales.</td></tr>
<tr><th colspan="3">3. Examen du texte</th></tr>
<tr><td>1. en commission, puis...</td><td>2. en discussion, amendement et vote en séance publique, à l'Assemblée nationale, puis...</td><td>3. en transmission au Sénat où il est de nouveau discuté, amendé et voté en séance publique.</td></tr>
<tr><th colspan="3">4. Deux possibilités peuvent alors se présenter</th></tr>
<tr><td colspan="2">1. Le texte <u>est voté</u> dans les mêmes termes par les deux chambres.</td><td>2. Le texte <u>n'est pas voté</u> dans les mêmes termes par les deux chambres.</td></tr>
<tr><td colspan="2">Le texte est adopté par le Parlement.</td><td>Navette parlementaire entre les deux chambres.
Pendant cette phase de va-et-vient, dite de navette, entre Assemblée nationale et Sénat, seuls les articles modifiés sont étudiés.</td></tr>
</table>

Contrôle possible du Conseil constitutionnel pour vérifier que le texte n'est pas contraire à la Constitution.	**Après deux nouvelles lectures du texte par chacune des deux chambres**, le Premier ministre peut demander la réunion d'une commission mixte paritaire (CMP) qui doit proposer un texte commun.
Validation par le Conseil constitutionnel. *Le texte est conforme à la Constitution.*	**Après une nouvelle lecture par chacune des deux chambres**, le Gouvernement peut demander à l'Assemblée nationale, qui tire un surcroît de légitimité de son élection au suffrage universel direct, de statuer à titre définitif. À ce stade, toute décision prise est définitive, que le texte soit adopté ou rejeté.

5. Le président doit signer la nouvelle loi		
Il accepte. La loi est promulguée dans les quinze jours qui suivent sa transmission au Gouvernement, puis publiée au *Journal Officiel*.	**Il refuse.** Le président demande au Parlement une nouvelle délibération. Le processus redémarre du début.	**Il demande** au Conseil constitutionnel de vérifier que le texte n'est pas contraire à la Constitution.

6. Mise en œuvre de la loi	
Texte permettant son application directe partout en France le lendemain de sa publication.	Texte nécessitant des mesures d'application (décrets...).

Fiche 17

Comprendre l'organisation nationale de l'État

L'État français avant la loi du 2 mars 1982

L'État français est traditionnellement centralisateur quant aux prises de décision. C'est pourquoi il a longtemps eu un seul centre d'impulsion politique servi par une administration centralisée et peu déconcentrée qui agissait sur l'ensemble du territoire.

1 Un État unitaire, centralisé, peu déconcentré

Concentration des pouvoirs et des compétences + Centralisation de l'administration

L'État français avant la loi du mars 1982	
État 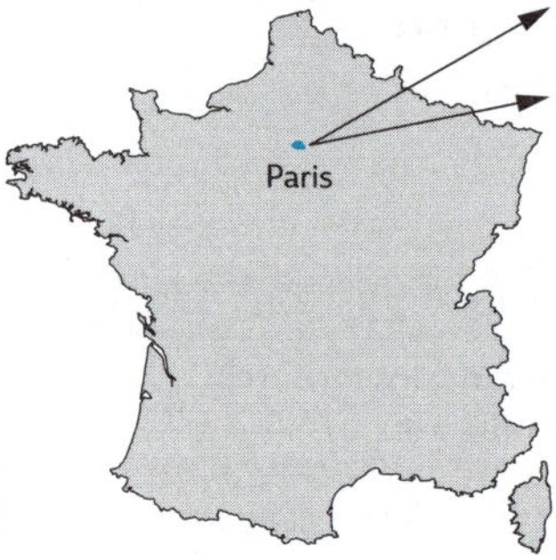 	1. **Concentration** du pouvoir exécutif et législatif. 2. **Concentration** de toutes les compétences par le pouvoir exécutif, avec un représentant déconcentré majeur : **le préfet de département**. 3. <ins>**Une**</ins> administration d'État. 4. <ins>**Une**</ins> fonction publique d'État (ordonnance du 4 février 1959).
Départements 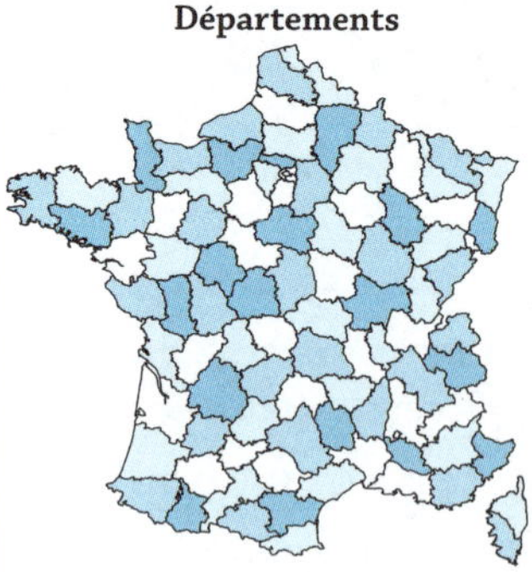	Les départements sont principalement des **circonscriptions administratives de l'État** dont **le préfet**, aidé par les administrations d'État, **assure le pouvoir exécutif** (contrôle *a priori*). En effet, si les départements disposent bien d'un organe délibérant élu au suffrage universel direct (le conseil général), d'un président et de certains pouvoirs, **ils ne sont pas dotés d'un véritable exécutif <ins>élu</ins>**, puisque le préfet, représentant du pouvoir central, demeure à leur tête. Il s'agit donc plus d'un *aménagement technique* qui permet la mise en œuvre des politiques de l'État. Le préfet et autres représentants locaux de l'État sont dans une situation d'étroite subordination hiérarchique par rapport au pouvoir central (fonctionnaires d'État).

Communes 	Comme les départements, les communes sont principalement des **circonscriptions administratives de l'État** dont **le préfet**, aidé par les administrations d'État, **assure le pouvoir exécutif** (contrôle *a priori*). En effet, si elles disposent d'un organe délibérant élu au suffrage universel direct (le conseil municipal), d'un maire et de certains pouvoirs, **elles ne sont pas dotées d'un véritable exécutif élu**, puisque le préfet, représentant du pouvoir central, demeure à leur tête.

2 Un État, personne morale de droit public

■ En droit, **une personne morale est une entité** (État, association, société, collectivité...) **dotée de la personnalité juridique,** c'est-à-dire reconnue comme étant **sujet de droit**, ce qui lui confère des droits et des devoirs en lieu et place des personnes physiques ou morales qui composent ce groupement.

■ **La personne morale se distingue de la personne physique (être humain) puisque la personne morale n'a pas d'existence corporelle**. Néanmoins, étant reconnue comme sujet de droit, la personne morale (État, collectivité) dispose de plusieurs des attributs de la personne physique (nom, domicile, nationalité, patrimoine) ; peut intenter une action en justice, conclure des contrats, acquérir ou céder des biens meubles ou immeubles. En cas de condamnation pénale, une personne morale peut être sanctionnée par une amende, mais pas par une peine de prison.

■ Le droit français distingue :

– les **personnes morales de droit public** : État, autorités internationales, collectivités territoriales, établissements publics ;

– les **personnes morales de droit privé** : entreprises, sociétés civiles, associations, fondations, syndicats professionnels, etc. ;

– les **personnes morales de droit mixte** (à la fois du droit public et du droit privé) : entreprises nationalisées, ordres professionnels, etc.

3 Un État doté de compétences

■ En contrepartie des « droits » dont il bénéficie, l'État se doit d'assurer un minimum de « devoirs » en faveur de tous les citoyens. Ces « devoirs » sont plus couramment dénommés **compétences.**

■ Un État possède des **compétences obligatoires dont il ne peut se dessaisir**. Ce sont les fonctions fondamentales de l'État, à caractère national, dites **régaliennes** car auparavant attribuées uniquement au roi. **Ces compétences propres de l'État sont** :

– d'assurer la sécurité extérieure du pays (diplomatie, défense militaire du territoire) ;

– d'assurer la sécurité intérieure et le maintien de l'ordre public (police nationale, gendarmerie, douane) ;
– de définir le droit et de rendre la justice (pouvoir législatif et juridictions) ;
– d'émettre la monnaie.

■ **Néanmoins, tout État est libre de s'attribuer des compétences propres supplémentaires qu'il considère relever de l'intérêt général de la population.**

■ Ainsi, l'État français a fait le choix de prendre à sa charge, sur le plan national, au nom de l'égalité de traitement des citoyens (*cf. Préambule de la Constitution du 27 octobre 1946* – art. 1 à 13) :
– l'enseignement (de l'école maternelle au supérieur) ; la formation professionnelle (art. 11,13) ;
– les services de soins, de santé, de Sécurité sociale (art. 11) ;
– les allocations et les indemnités (art. 11 et 13) ;
– les services culturels et patrimoniaux (art. 13).

Comprendre l'organisation nationale de l'État

L'État français après la loi du 2 mars 1982

Fiche 18

La loi du 2 mars 1982 relative aux droits et libertés des communes, des départements et des régions organise un État qui demeure unitaire et indivisible mais qui transfère diverses de ses compétences à des autorités distinctes, locales et élues.

1 Un État unitaire décentralisé

■ La mise en place progressive de la décentralisation répond à une aspiration de la population. Elle se concrétise par :
– **la requalification de la commune et du département en collectivités territoriales** de plein exercice ;
– **la création d'une troisième collectivité territoriale : la région** (inscrite dans la Constitution – Art. 72 – 1res élections régionales : 1986).

■ De plus, ces trois collectivités territoriales (communes, département, région) :
– se voient attribuer deux grands principes : le principe d'autonomie et le principe de libre administration ;
– sont dotées de compétences propres, obligatoires et facultatives.

L'État français après la loi du 2 mars 1982 → 2019	
État  	**1. Concentration des pouvoirs** exécutif et législatif **2. Déconcentration de l'administration d'État** – Préfet de région, de département – 8 directions régionales interministérielles – 3 directions départementales interministérielles **3. Décentralisation en faveur des collectivités territoriales** – Commune – Département – Région **4. Trois fonctions publiques** – Fonction publique d'État (FPE) – Fonction publique hospitalière (FPH) – Fonction publique territoriale (FPT)

L'État français après la loi du 2 mars 1982 → 2019	
Régions 	**1. Circonscription administrative de droit commun** • Le niveau régional est désormais le cadre de base de l'administration déconcentrée de l'État alors que ce cadre était auparavant le département. • Le représentant de l'autorité de l'État dans la région est **le préfet de région**, également préfet du département du chef-lieu de la région. • En tant que préfet de région, il a autorité sur les préfets des autres départements composant la région, hormis dans certaines matières spécifiques : contrôle administratif, ordre public et sécurité, entrée et séjour des étrangers, droit d'asile, sous réserve de l'intervention d'un arrêté interministériel donnant une compétence interdépartementale à un préfet pour statuer sur les demandes d'entrée et d'asile. **2. Collectivité territoriale** • Structure administrative personne morale de droit public **distincte** de l'administration de l'État, en charge des **intérêts de la population de son territoire** géographique. • Pouvoir exécutif régional = président de région. • Contrôle de légalité *a posteriori* exercé par les tribunaux administratifs.

L'État français après la loi du 2 mars 1982 → 2019	
Départements 	**1. Circonscription administrative de droit commun** Le représentant de l'autorité de l'État dans le département est le préfet de département. Il est responsable de l'ordre public ; est le représentant direct du Premier ministre et de chaque ministre dans le département ; détient des pouvoirs de police qui font de lui une « autorité de police administrative » ; met en œuvre les politiques gouvernementales de développement et d'aménagement du territoire à l'échelle du département. **2. Collectivité territoriale** Structure administrative personne morale de droit public **distincte** de l'administration de l'État, en charge des **intérêts de la population de son territoire** géographique. • Pouvoir exécutif départemental = président du conseil général (devenu depuis départemental). • Contrôle de légalité *a posteriori* exercé par les tribunaux administratifs.
Communes 	**1. Circonscription administrative de droit commun** • Le territoire de la commune, circonscription administrative, a **un seul et unique représentant : le maire**, alors **agent de l'État**. • Le maire, en tant qu'agent de l'État au sein de la commune, sous l'autorité du préfet, remplit des fonctions administratives dont notamment : la publication des lois et règlements ; l'organisation des élections ; la légalisation des signatures. • Sous l'autorité du procureur de la République, il exerce des fonctions dans le domaine judiciaire : officier d'état civil et de police judiciaire. **2. Collectivité territoriale** • Structure administrative personne morale de droit public **distincte** de l'administration de l'État, en charge des **intérêts de la population de son territoire** géographique. • Pouvoir exécutif municipal = maire. • Contrôle de légalité *a posteriori* exercé par les tribunaux administratifs.

2 Un État unitaire plus déconcentré

- **Bien que devenues des collectivités territoriales de plein exercice, la commune et le département demeurent deux circonscriptions administratives.**
- La **tutelle de l'État** (contrôle de légalité et d'opportunité *a priori*) exercée par le préfet sur les décisions des collectivités est remplacée par **un contrôle sur la seule légalité *a posteriori***, exercé par les tribunaux administratifs. Les actes des collectivités territoriales deviennent ainsi **exécutoires de plein droit**, même si certains d'entre eux doivent encore obligatoirement être notifiés au préfet.

Déconcentration		Décentralisation	
Circonscriptions administratives	**Représentants de l'État**	**Collectivités territoriales**	**Organe exécutif**
Commune	**Maire**	**Commune**	**Maire**
Arrondissement	Sous-préfet		
Département	Préfet de département	Département	Président du conseil départemental
Région	Préfet de région	Région	Président du conseil régional

Comprendre l'organisation nationale de l'État

Déconcentration – Décentralisation

Depuis l'Acte I de la décentralisation (loi du 2 mars 1982), l'État français est un État unitaire « qui marche sur deux jambes » : une organisation déconcentrée, une organisation décentralisée (Art. 1 de la Constitution).

1 Deux organisations administratives pour un État unitaire

■ L'article 1 de la Constitution de 1958 pose deux principes fondamentaux de l'organisation administrative de l'État français :
– d'une part, il est un **État unitaire** = « La France est une République indivisible » ;
– d'autre part, il peut néanmoins **transférer une partie de ses compétences à des autorités distinctes qu'il désigne** = « Son organisation est décentralisée. »

■ Il découle, de la combinaison de ces deux principes fondamentaux, une double organisation administrative :
– **une organisation déconcentrée**, traduite dans une **administration d'État**, représentée par **des hauts-fonctionnaires nommés** (préfets, procureur, recteur…) et **une fonction publique d'État** répartie sur l'ensemble du territoire français (loi du 6 février 1992) ;
– **une organisation décentralisée**, traduite dans **une administration territoriale**, représentée par **des autorités locales élues** et **une fonction publique territoriale** (loi du 2 mars 1982).

À savoir
Bien qu'il n'existe pas de lien hiérarchique entre administration décentralisée et administration déconcentrée, l'une et l'autre sont soumises au contrôle de l'État.

2 La déconcentration est une délégation de pouvoirs

■ **Un État qui déconcentre** est un État (Gouvernement + ministères) qui **délègue** certains de ses pouvoirs de décision à des agents locaux (des fonctionnaires d'État) nommés :
– soit à la tête d'une circonscription administrative – Préfet, sous-préfet ;
– soit à la tête de directions régionales ou départementales, **services déconcentrés** de l'État répartis sur l'ensemble de son territoire national.

19

Fiche

À savoir

Ces services déconcentrés assurent donc, dans une circonscription territoriale déterminée, le relais et la mise en œuvre des politiques publiques décidées au niveau national, l'application ou la mise en application d'une réglementation, la délivrance de prestations aux usagers.

■ **La loi d'orientation du 6 février 1992 relative à l'administration territoriale de la République dite loi ATR**, énonce que « l'administration territoriale de la République est assurée par les collectivités territoriales et par les services déconcentrés de l'État ».

■ En posant ainsi le principe qu'il n'y a pas de bonne décentralisation sans une déconcentration parallèle des services de l'État, la loi ATR a donné aux élus locaux la possibilité de s'adresser, sur le plan local, à un représentant de l'État pouvant, au regard de ses attributions, engager l'État sans en référer systématiquement à l'échelon central.

3 La décentralisation est un transfert de compétences

Un **État qui décentralise** est un État qui **transfère** tout ou partie de ses propres compétences à une ou plusieurs autre(s) **structure(s) administrative(s) distincte(s)**.

A| La décentralisation française

C'est « un transfert de compétences de l'État vers les différentes collectivités territoriales de son territoire ».

L'enseignement public

- L'organisation et la gestion de l'enseignement sont confiées au ministère chargé de l'Éducation nationale, de l'Enseignement supérieur et de la Recherche. Celui-ci a la responsabilité de l'organisation et de l'administration de l'ensemble du système éducatif, de l'école maternelle à l'enseignement supérieur. D'autres ministères complètent son action, notamment le ministère de l'Agriculture pour l'enseignement agricole.
- Néanmoins, les différentes lois de décentralisation (1982-1983 et 2003-2004) ont **transféré des compétences limitées aux collectivités territoriales** :

– l'État a conservé les compétences liées à l'enseignement (programmes, calendrier scolaire, recrutement et paie des enseignants…) ;

– l'État a **transféré les fonctions matérielles** (bâtiments, cantine, transport scolaire…). Aux communes, les écoles maternelles et primaires ; aux départements, les collèges ; aux régions, les lycées d'enseignement général et de l'enseignement professionnel.

B| Le transfert de compétences

Ces **transferts de compétences** ont induit de nouvelles règles de fonctionnement pour les communes, les départements et les régions.

L'enseignement public sur le plan communal

- Les programmes et manuels sont définis par le ministère. Les personnels enseignants sont des fonctionnaires d'État, sous l'autorité hiérarchique du rectorat (service déconcentré).
- Les communes, devenues propriétaires des locaux, assurent la construction, la reconstruction, l'extension, les grosses réparations, l'équipement et le fonctionnement des écoles maternelles et élémentaires, classés services communaux.
- Ce sont les conseils municipaux qui recrutent, rémunèrent et gèrent la carrière du **personnel non enseignant** des écoles (ATSEM, personnel technique… = fonctionnaires territoriaux) ; décident de la création et de l'implantation des écoles après avis du représentant de l'État ; fixent les horaires d'entrée et de sortie des classes des établissements de la commune, après avis du conseil d'école. Une délibération du conseil municipal crée par ailleurs, dans chaque commune, une caisse des écoles, destinée à faciliter la fréquentation de l'école par des aides aux élèves en fonction des ressources de leur famille.

C| Les autorités décentralisées

Ce sont les collectivités territoriales : communes, départements, régions, collectivités à statut particulier, collectivités d'outre-mer. Afin de pouvoir agir, il leur a été attribué :
- le principe de libre administration ;
- le principe d'autonomie financière ;
- le principe de contrôle *a posteriori* de la légalité des décisions prises en conseil.

4 Les caractéristiques de la déconcentration

La déconcentration est construite selon une **logique administrative**, issue du **pouvoir réglementaire** et légitimée par la **nomination** de hauts fonctionnaires par décret signé du président de la République.

- **Exemple**

Un préfet est nommé et affecté à un poste territorial par décret du président de la République, pris en Conseil des ministres sur proposition du Premier ministre et du ministre de l'Intérieur (article 13 de la Constitution française).

DÉCONCENTRATION **L'État aménage la centralisation de son administration sur le plan local *via* des services déconcentrés.**	↔	**1.** L'administration d'État, qu'elle exerce au niveau national ou dans les services déconcentrés, appartient à **une même personne publique : l'État**.
		2. Les services déconcentrés exercent leurs missions dans une **circonscription administrative sans personnalité juridique distincte de l'État**.
		3. Puisque les autorités déconcentrées (préfet, recteur...) représentent l'État, elles sont **nommées**.
		4. Puisque les autorités déconcentrées sont nommées, elles sont soumises au **principe de subordination hiérarchique**.
		5. Les décisions prises par les autorités déconcentrées sont prises **au nom et pour le compte de l'État**.

5 Les caractéristiques de la décentralisation

La décentralisation est construite selon une logique **politique**, issue du **pouvoir législatif** et légitimée par **l'élection de représentants des citoyens** :
- au **suffrage universel direct** pour les conseils municipaux, communautaires, départementaux et régionaux ainsi que les députés (Assemblée nationale) ;
- au **suffrage universel indirect** pour l'exécutif : maire, président communautaire, départemental et régional qui, eux-mêmes, éliront les sénateurs (Sénat).

DÉCENTRALISATION L'État <u>**transfère**</u> tout ou partie de ses propres <u>**compétences**</u> à une ou plusieurs autre(s) structure(s) administrative(s) distincte(s).	↔	1. Création ou confirmation de structures administratives distinctes de l'État = **les collectivités territoriales**.
		2. Transfert de compétences de l'État à ces structures administratives (collectivités territoriales).
		3. Mise en œuvre de **3 principes de gestion** : principe de libre administration, principe d'autonomie financière, principe de contrôle de légalité.
		4. Puisque les collectivités territoriales sont des structures administratives distinctes de l'État, dotées du principe de libre administration, **leurs autorités de gestion sont élues** : au suffrage universel direct pour les conseils ; au suffrage universel indirect pour le maire et le président de conseil.
		5. Les **décisions** prises par les collectivités territoriales sont prises au nom et pour le compte de **chaque collectivité** sous le contrôle du préfet, représentant de l'État.

6 Tableaux récapitulatifs comparatifs

Déconcentration **POUVOIR RÉGLEMENTAIRE** **Logique administrative** ⬇	**Décentralisation** **POUVOIR LÉGISLATIF** **Logique politique** ⬇
Nomination, affectation, sanction, révocation des autorités déconcentrées. ⬇	Élection des organes délibérants au suffrage universel direct. Élection des organes exécutifs au suffrage universel indirect.
PRÉFET ➡ ⬇ **1**- Représentant de l'État et de chacun des membres du gouvernement, il a la charge des intérêts nationaux, du contrôle administratif et du respect des lois.	**2- Contrôle de légalité *a posteriori* des actes administratifs et budgétaires des :** 1- Communes – Départements – Régions – Structures administratives distinctes de l'État – Compétences transférées – Libre administration, autonomie financière 2- Établissements publics de coopération intercommunale – EPCI Regroupement de communes

L'État au niveau local *via* des services déconcentrés	**L'État « donne » tout ou partie de ses compétences aux collectivités territoriales**
Circonscriptions administratives : communes, arrondissements, départements, régions	**Collectivités territoriales** : communes, départements, régions
Autorités déconcentrées (maires, sous-préfets, préfets de département et de régions)	**Autorités décentralisées** : maire et conseil municipal ; président et conseil départemental ; président et conseil régional
Pas de personnalité juridique distincte de l'État	Avec personnalité juridique distincte de l'État
Principe de subordination hiérarchique	Principe de libre administration avec contrôle de légalité de l'État
Principe de la nomination	Principe de l'élection
Décisions prises au nom et pour le compte de l'**État**	Décisions prises au nom et pour le compte de la **collectivité territoriale**

Comprendre l'organisation nationale de l'État

Les représentants de l'État déconcentré

Dans le cadre de la déconcentration de ses services, l'État délègue certains de ses pouvoirs de décision à des fonctionnaires d'État nommés, entre autres, dans une circonscription administrative. À la tête de celle-ci, ils assurent le relais et la mise en œuvre des politiques publiques décidées au niveau national, l'application ou la mise en application d'une réglementation, la délivrance de prestations aux usagers.

1 Le préfet de région

- Il est le représentant de l'État sur la circonscription géographique du territoire d'une région.
- Le préfet de région est également le préfet du département dans lequel se situe le chef-lieu de la région. De ce fait, dans ce département, le préfet remplit à la fois la totalité des prérogatives d'un préfet de région et d'un préfet de département.

A| Ses fonctions politiques

- En assurant la représentation de l'État, le préfet de région doit **relayer la politique du gouvernement** sur les grands projets (coopération intercommunale, mise en place des schémas de services collectifs ou de suivi des programmes de l'Union européenne...).
- Il prépare, par ses informations et ses propositions, les **politiques de développement économique et social** et d'**aménagement du territoire**.

• **Exemple**

La négociation puis le déroulement des contrats de plan État-régions (contrats de projets depuis 2007).

- Depuis 1992, le préfet de région a le pouvoir de fixer (après consultation du Comité de l'administration régionale, CAR) les « orientations nécessaires » à l'intention des préfets de département qui sont obligés d'y conformer leurs décisions.
- Depuis le décret du 29 avril 2004, il est chargé de l'animation et de la coordination de l'action des préfets de département.
- Par ailleurs, le préfet de région : a un rôle de coordination des politiques de l'État en matière culturelle, d'environnement, de la ville et de l'espace rural ; assure la direction des services de l'État sur le territoire de la région ;

dirige les services déconcentrés régionaux de l'État ; préside le comité de l'administration régionale (CAR) qui réunit les préfets de département et les chefs de services déconcentrés régionaux de l'État. C'est après l'avoir consulté qu'il arrête le projet d'action stratégique de l'État dans la région.

B| Ses fonctions de représentation juridique de l'État dans la région

Le préfet de région signe les contrats passés au nom de l'État (contrats d'assurances, de maintenance, d'emploi...), représente l'État en justice devant les tribunaux.

C| Ses fonctions de contrôle de légalité

Le préfet de région contrôle, *a posteriori*, la légalité et le respect des règles budgétaires des actes de la collectivité territoriale région et de ses établissements publics.

2 Le préfet de département

A| Ses fonctions politiques

- Le préfet de département : assure la représentation de l'État dans toutes les cérémonies officielles ; informe ses supérieurs hiérarchiques sur tous les événements locaux, sur l'évolution de l'opinion publique.
- En sens inverse, il informe les administrés de la politique gouvernementale qu'il doit expliquer et défendre ; assure la direction des services de l'État dans le département.
- Les services déconcentrés de l'État (Direction Départementale de la Cohésion Sociale et de la Protection des Populations ou DDCSPP ; DDT ou Direction Départementale des Territoires...) ainsi que les services de la préfecture sont sous sa direction ; il dispose de tous les pouvoirs de décision déconcentrés.
- Toutefois certains services échappent à l'autorité du préfet : l'autorité militaire, l'éducation nationale, les finances, la justice...

B| Ses fonctions de représentation juridique

Le préfet de département signe les contrats passés au nom de l'État (contrats d'assurances, de maintenance, d'emploi...), représente l'État en justice devant les tribunaux.

C| Sa fonction de police

- Le préfet de département est en charge de toutes les mesures de bon ordre, de sûreté, de sécurité ou de salubrité publique lorsqu'elles excèdent le territoire d'une commune.
- Dans les communes où une police d'État (police nationale) a été instituée, il doit prendre les mesures de police en matière de manifestation ; en cas d'atteinte à la tranquillité publique.

■ Enfin, il met en œuvre certains plans d'urgence : ORSEC, POLMAR (pollution maritime), etc.

D| Son pouvoir de police judiciaire

Le préfet de département effectue le constat de crimes et de délits concernant la sûreté intérieure ou extérieure du territoire et doit déférer leurs auteurs aux tribunaux avec transmission au procureur de la République.

E| Ses fonctions de contrôle de légalité

C'est au préfet de département que revient le rôle de contrôler, *a posteriori*, la légalité des actes pris par les collectivités territoriales ou par un établissement public local.

3 Le maire, représentant de l'État

A| La « double casquette du maire »

■ Dans les communes, l'État ne délègue pas de représentants dotés de compétences générales, à l'instar des préfets dans les départements et les régions. C'est pourquoi le maire bénéficie de ce qui est traditionnellement appelé une « double casquette » : il agit à la fois au titre de représentant de l'État et au titre d'élu de la commune en tant que collectivité territoriale.
■ En tant que représentant de l'État, le maire exerce des attributions, d'une part, sous le contrôle du préfet en ce qui concerne ses attributions administratives ; d'autre part, sous le contrôle des autorités judiciaires en ce qui concerne ses attributions « judiciaires ».

B| Les fonctions administratives sous l'autorité du préfet

■ Sous l'autorité du préfet, le maire remplit des fonctions administratives dont, notamment : la publication et l'exécution des lois et règlements ; l'exécution des mesures de sûreté générale ; l'établissement des listes électorales, des listes des appelés au service national ; l'organisation des élections ; la légalisation des signatures.
■ Le maire, officier d'état civil : tient les registres de l'état civil (naissances, mariages, décès) ; célèbre les mariages ; délivre les actes de naissance, de mariage et de décès.

C| Ses fonctions « judiciaires » sous l'autorité du procureur de la République

Le maire, officier de police judiciaire : a qualité pour constater les infractions, et rechercher les auteurs et les preuves ; peut être amené à exercer les fonctions de ministère public devant le tribunal de police.
Les représentants de l'État déconcentré, leur circonscription, leur mode de désignation

Les représentants de l'État déconcentré, leur circonscription, leur mode de désignation

Déconcentration		
Commune	Maire	Élu
Arrondissement	Sous-préfet	Nommé
Département	Préfet de département	Nommé
Région	Préfet de région	Nommé

Les fonctions du maire en tant que représentant de l'État

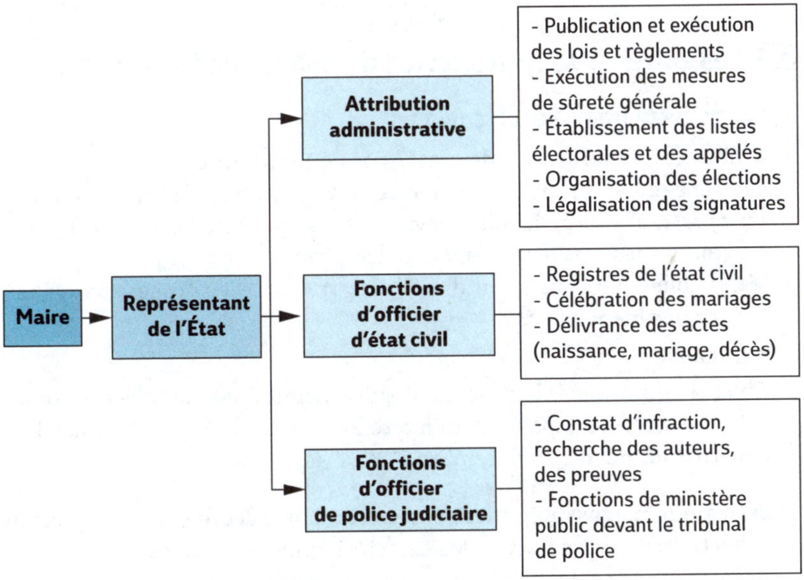

Fiche 21

Comprendre l'organisation territoriale de l'État
Les collectivités territoriales

Les collectivités territoriales apparaissent dans la Constitution de 1946 et l'expression sera reprise dans le texte de 1958. Elles sont aussi désignées sous le nom de « collectivités locales ». Si la Constitution a privilégié l'appellation « collectivités territoriales » (art. 34), de même que le Code général des collectivités territoriales (CGCT) créé en 1996, dans le langage courant les deux expressions sont employées de manière équivalente.

1 Les différentes catégories de collectivités territoriales

A| Les collectivités de droit commun

■ Elles correspondent à des catégories qui ont vocation à se rencontrer sur l'ensemble du territoire, que ce soit en métropole ou outre-mer. En font partie à ce jour, depuis la révision constitutionnelle du 28 mars 2003 : les communes ; les départements ; les régions.

■ Ces collectivités relèvent d'une catégorie car elles possèdent des caractéristiques identiques.

- **Exemple**

Chaque commune relève de la catégorie communale car elle est dotée d'un conseil municipal et d'un maire (déc. n° 82-149 DC du Conseil constitutionnel du 28 décembre 1982).

■ Néanmoins, ces catégories peuvent connaître des dérogations : certaines collectivités, tout en ayant les caractéristiques générales de la catégorie, présentent des spécificités pour des raisons diverses.

- **Exemple**

Les grandes villes françaises, Paris, Marseille et Lyon qui, du fait de l'importance de leur population, sont divisées en arrondissements.

B| Les collectivités à statut particulier

■ **La métropole de Lyon créée par la loi MAPTAM du 27 janvier 2014.** Malgré son appellation, elle se différencie des métropoles créées par les lois des 16 décembre 2010 et 27 janvier 2014. En effet, c'est dans la troisième partie du *Code général des collectivités territoriales*, intitulée « Le département », que la loi MAPTAM insère un livre VI consacré à la métropole de Lyon, qu'il qualifie de « collectivité à statut particulier, au sens de l'article 72 de la Constitution, dénommée "métropole de Lyon", en lieu et place de la communauté urbaine de Lyon et, dans les limites territoriales précédemment reconnues à celle-ci, du département du Rhône » (art. L3611-1 CGCT). En dehors du territoire métropolitain, le département du Rhône continue d'exercer ses compétences de plein exercice.

- **La « collectivité de Corse »**. Depuis le 1er janvier 2018, la « **collectivité de Corse** » (et non plus « la collectivité territoriale de Corse ») est devenue une collectivité à statut particulier en lieu et place de la collectivité territoriale de Corse et des départements de Corse du Sud et de Haute-Corse.
- **La commune et le département de Paris**. La loi crée, à partir du 1er janvier 2019, une collectivité unique à statut particulier, **Ville de Paris**, exerçant à la fois les compétences de la commune et du département.

C | Les collectivités territoriales d'outre-mer

- Les uns et les autres ne constituent pas à proprement parler des catégories de collectivités distinctes de celles rencontrées en métropole, mais leur statut dérogatoire a tendance à les éloigner du modèle de droit commun. Ils peuvent en effet adapter les lois et les règlements, et même y déroger, afin de tenir compte de leurs « caractéristiques et contraintes particulières » (art. 73 de la Constitution).
- Il s'agit des départements d'outre-mer (DOM) et des régions d'outre-mer (ROM), auxquels s'ajoutent, depuis deux lois du 27 juillet 2011, deux collectivités uniques ayant des compétences départementales et régionales : la Guyane et la Martinique.

2 Trois collectivités territoriales de droit commun

- Les **communes** : elles sont au nombre de 34 970 au 1er janvier 2019 (34 841 en France métropolitaine et 129 dans les DOM).
- Les **départements** : on compte 101 départements au 1er janvier 2019 (96 en France métropolitaine et 5 dans les DOM).
- Les **régions** : la France compte 18 régions au 1er janvier 2019 (12 en France métropolitaine, plus la collectivité de Corse et 5 régions d'outre-mer (Mayotte, la Guyane, la Réunion, la Martinique et la Guadeloupe).

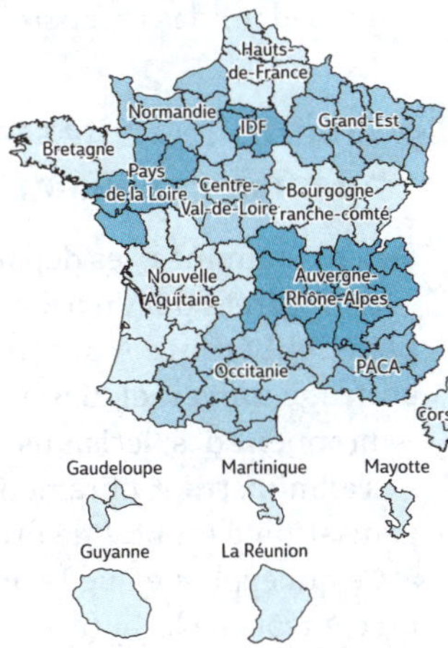

À l'oral, le jury demande très souvent de citer les différentes catégories de collectivités territoriales. Un grand nombre de candidats répond : « communes, départements, régions, communautés de communes ». Cette réponse, inexacte, peut mettre en danger le candidat.

Les convergences entre les trois collectivités territoriales

En droit, un statut est un ensemble de dispositions législatives, réglementaires… qui fixent les droits et les obligations applicables aux collectivités territoriales de droit commun – communes, départements, régions. Une partie de ces statuts édictent des règles semblables aux trois.

1 Trois catégories de collectivités territoriales aux caractéristiques communes

Les communes, les départements et les régions sont des autorités administratives distinctes de l'administration de l'État. À ce titre, ces autorités administratives :
- sont des personnes morales de droit public ;
- ont en charge les intérêts de la population de leur territoire géographique ;
- s'administrent librement ;
- disposent de ressources propres ;
- disposent d'un pouvoir de décision ;
- possèdent des compétences obligatoires et facultatives.

2 Trois collectivités territoriales au fonctionnement similaire

■ Les communes, les départements et les régions :
- sont gérées par un **organe exécutif** (maire ou président) et une **assemblée délibérante** (conseil municipal, départemental, régional) **élus au suffrage universel direct** tous les six ans.
- prennent des décisions, appelées **délibérations**,
- s'administrent librement **dans le respect des lois**, fondement de l'organisation d'un État de droit unitaire.

■ Ce qui explique que le **préfet**, au titre de représentant de l'État, exerce un contrôle de légalité *a posteriori* sur les délibérations administratives et budgétaires prises par les collectivités territoriales (décisions les plus importantes). Si le préfet estime que l'acte est illégal, il saisit le **juge administratif**, seul compétent à déclarer qu'un acte est illégal et à l'annuler. Tant que le juge n'a pas pris sa décision, l'acte reste exécutoire : il est applicable.

3 Trois collectivités territoriales indépendantes les unes des autres

■ La loi du 7 janvier 1983, par l'article L1111-3 du *Code général des collectivités territoriales* (CGCT), énonce que « la répartition de compétences entre les communes, les départements et les régions **ne peut autoriser l'une de ces collectivités à établir ou exercer une tutelle, sous quelque forme que ce soit, sur une autre d'entre elles** ».

■ Lors de la révision constitutionnelle de 2003, l'article 72 de la Constitution réaffirme ce principe : « aucune collectivité territoriale ne peut exercer une tutelle sur une autre ».

■ **Cette interdiction vise à protéger la libre administration des collectivités, sur lesquelles seul l'État est habilité à exercer un contrôle**. Les collectivités territoriales sont placées sur un pied d'égalité face à l'État, qu'elles soient de même niveau territorial, ou situées à des niveaux différents.

■ La disposition constitutionnelle de 2003 est néanmoins associée, dans le même article, à **la possibilité de désigner une collectivité dite « chef de file »** pour gérer de manière commune une compétence qui nécessite le concours de plusieurs collectivités territoriales ou groupements de celles-ci. **Le chef de file n'a qu'un rôle de coordination**, à l'exclusion de tout rôle de décision, afin que soit respectée l'interdiction de la tutelle.

■ Cette technique est confirmée par la loi du 27 janvier 2014 dite MAPTAM :
- chef de filât de la région en matière, notamment, de développement économique et d'organisation de l'intermodalité et de complémentarité des transports, de biodiversité et de transition énergétique, de climat et d'énergie, ou encore de soutien à l'innovation et à l'internationalisation des entreprises ;
- chef de filât du département en matière d'action sociale et de développement social, d'autonomie des personnes, et de solidarité des territoires ;
- chef de filât du bloc communal composé de la commune et de l'EPCI en matière de mobilité durable.
- L'interdiction de la tutelle d'une collectivité sur une autre n'empêche cependant pas la loi de reconnaître des compétences particulières d'aide d'une collectivité au profit d'une autre.

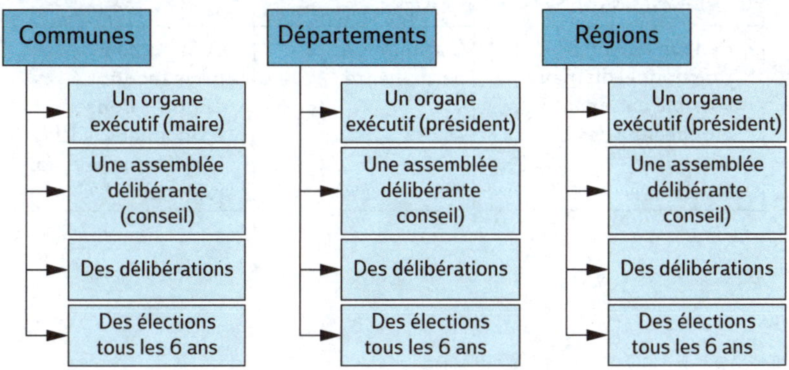

Fiche 23

Comprendre l'organisation territoriale de l'État

Les divergences entre les trois collectivités territoriales

Malgré nombre de ressemblances dans l'organisation et le fonctionnement des trois collectivités, il existe cependant des exceptions importantes à ce schéma institutionnel commun.

1 Un fonctionnement de l'exécutif qui diffère

A| La commune

■ Dédoublement fonctionnel du maire :
- au nom de la commune dont il est l'exécutif ;
- au nom de représentant de l'État.

■ Droit de vote et d'éligibilité pour les ressortissants des États membres de l'Union Européenne en tant que conseiller municipal reconnu en application du traité de Maastricht (L.O. du 25/05/1998).

B| Le département

Il est doté d'une commission permanente dont les vice-présidents et le président font partie de droit. Les membres de cette commission, dont le nombre n'est pas limité, sont élus par le conseil départemental.

C| La région

Comme le département, il est doté d'une commission permanente mais à la différence de ce dernier, elle est dotée en plus d'un Conseil économique, social et environnemental régional (CESER).

Commune	Département	Région
• Dédoublement fonctionnel du maire • Possible nationalité européenne des conseillers	Commission permanente	• Commission permanente • CESER – Conseil économique, social et environnemental régional

2 Chaque collectivité a un mode de scrutin

■ Le mode de scrutin diffère en fonction des collectivités concernées, mais dans tous les cas la durée des mandats est de six ans.

■ Les dernières élections municipales (avant celles de 2020) ont été organisées en mars 2014 ; le dernier renouvellement des conseils départementaux date de mars 2015 ; les dernières élections régionales ont eu lieu en décembre 2015.

A| Pour les communes

Le mode de scrutin pour l'élection des conseillers municipaux dépend du nombre d'habitants de la commune :

■ **Pour les communes de moins de 1 000 habitants** : le scrutin est majoritaire, plurinominal, à deux tours. Les candidats peuvent présenter une candidature isolée ou groupée. En cas de candidatures groupées, un même bulletin de vote comprend les noms de plusieurs candidats. Les électeurs ont la possibilité de rayer des noms (c'est le panachage). Dans tous les cas, les suffrages sont comptabilisés individuellement. Obtiennent un siège au conseil municipal au premier tour les candidats remplissant une double condition : avoir obtenu la majorité absolue des suffrages exprimés et recueilli au moins un quart des voix des électeurs inscrits. Pour les sièges restant à pourvoir, un second tour est organisé : l'élection a lieu à la majorité relative, quel que soit le nombre de votants. Les candidats obtenant le plus grand nombre de voix sont élus. Si plusieurs candidats obtiennent le même nombre de suffrages, c'est le plus âgé qui est élu. Dans les communes de moins de 1 000 habitants, les conseillers communautaires (qui représentent leurs communes au conseil de l'établissement public de coopération) sont désignés « dans l'ordre du tableau » (maire, premier adjoint, deuxième adjoint...).

■ **Pour les communes de plus de 1 000 habitants** : depuis la loi du 17 mai 2013, le scrutin de liste s'applique. Le scrutin est proportionnel, de liste, à deux tours, avec prime majoritaire accordée à la liste arrivée en tête (art. L-260 s. du Code électoral). Les listes doivent être complètes, sans modification de l'ordre de présentation. Les listes doivent être composées d'autant de femmes que d'hommes, avec alternance obligatoire une femme/un homme ou inversement.

B| Pour les départements

■ En 2013, le mode de scrutin a fait l'objet d'une réforme importante. Les élections départementales ont remplacé les élections cantonales et les conseillers généraux sont devenus les **conseillers départementaux** (loi du 17 mai 2013). Les conseils départementaux sont intégralement renouvelés à chaque scrutin, tous les six ans, selon un mode de scrutin binominal majoritaire, dans le cadre d'un canton élargi qui concilie à la fois parité et proximité.

■ Élus pour six ans, les conseillers départementaux (selon la nouvelle appellation retenue par la loi, en remplacement de celle de conseillers généraux) sont **désormais renouvelés en intégralité**. Les binômes de candidats de sexes différents doivent déposer une déclaration conjointe de candidature avant chaque tour de scrutin.

■ Pour être élu au premier tour, un binôme doit recueillir à la fois la majorité absolue et le quart des électeurs inscrits. Si aucun des binômes ne l'emporte au premier tour, un second tour est organisé. Au second tour, sont autorisés à se présenter les binômes ayant obtenu au moins 12,5 % des voix des électeurs inscrits.

■ Par ailleurs, pour conforter la parité, la loi prévoit que le binôme des remplaçants des candidats doit lui aussi être composé de deux personnes de sexes différents, afin que chaque candidat et son remplaçant soient du même sexe.

C| Pour les régions

■ La loi n° 99-36 du 19 janvier 1999, modifiée par celle du 11 avril 2003, fixe le mode de scrutin actuel : scrutin de liste, à deux tours, avec représentation proportionnelle à la plus forte moyenne, sans panachage ni vote préférentiel, se combinant avec une prime majoritaire.

■ Au premier tour, la liste qui recueille la majorité absolue des suffrages exprimés reçoit un quart des sièges à pourvoir, arrondi à l'entier supérieur (art. 338). Les autres sièges sont répartis selon la règle de la plus forte moyenne entre toutes les listes ayant obtenu plus de 5 % des suffrages exprimés. Si aucune liste n'obtient la majorité absolue, il est procédé à un deuxième tour. Seules sont autorisées à se présenter les listes ayant obtenu plus de 10 % des suffrages exprimés au premier tour. Par ailleurs, entre les deux tours, les listes peuvent être modifiées, notamment pour fusionner avec des listes ayant obtenu au moins 5 % des suffrages exprimés. La répartition des sièges se fait selon les mêmes règles que pour le premier tour, à ceci près que la majorité absolue n'est plus requise.

■ La loi du 6 juin 2000 applique au scrutin régional la parité stricte des candidatures.

■ La loi du 16 janvier 2015 relative à la délimitation des régions n'a pas changé le mode de scrutin mais a eu pour conséquence la redéfinition du nombre des élus de chaque département au sein des conseils régionaux dont les périmètres ont été élargis. Ainsi, en France métropolitaine, le nombre d'élus régionaux va de 77 pour la région Centre-Val de Loire à 209 pour la région Île-de-France, en passant par 100 pour la région Bourgogne-Franche-Comté.

■ Le report des élections régionales de mars à décembre 2015 a désynchronisé, au moins pour ce renouvellement, les élections régionales des autres élections locales, municipales ou départementales. La concomitance avait pourtant été adoptée pour lutter contre l'abstention électorale.

3 Chaque collectivité a ses compétences

■ Les compétences des collectivités sont régies par plusieurs principes[1] :
– une collectivité ne peut pas exercer une tutelle sur une autre ;
– les compétences des collectivités sont définies par le législateur et non par les collectivités elles-mêmes ;
– conformément au principe de subsidiarité, « les collectivités territoriales ont vocation à prendre les décisions pour l'ensemble des compétences qui peuvent le mieux être mises en œuvre à leur échelon » ;
– les communes bénéficient de la clause de compétence générale : elles disposent ainsi d'une capacité d'intervention générale, sans qu'il soit nécessaire que la loi procède à une énumération de ses attributions ;
– les régions et les départements exercent, quant à eux, des compétences spécialisées organisées en blocs de compétences spécifiques ;
– le principe de compétences partagées est maintenu dans certains domaines. Dans ce cas, la possibilité est donnée à une collectivité d'exercer le rôle de chef de file en coordonnant l'action publique sur le territoire concerné ;
– les collectivités peuvent déroger, à titre expérimental, et pour un objet et une durée limités, aux dispositions législatives ou réglementaires qui régissent l'exercice de leurs compétences.

■ Les compétences entre les niveaux de collectivités sont réparties comme suit :
– **les communes bénéficient de la clause de compétence générale** leur permettant de régler par délibération toutes les affaires relevant de leur niveau. Les principales compétences exercées relèvent des domaines suivants : urbanisme, logement, environnement, gestion des écoles préélémentaires et élémentaires. La loi du 7 août 2015 portant Nouvelle Organisation Territoriale de la République (NOTRe) a renforcé les compétences optionnelles et obligatoires transférées de la commune à la communauté de communes ;
– les départements exercent principalement leur compétences dans les domaines suivants : action sociale (enfance, personnes handicapées, personnes âgées, revenu de solidarité active), infrastructures (ports, aérodromes, routes départementales), gestion des collèges, aide aux communes ;
– les régions exercent principalement leurs compétences dans les domaines suivants : développement économique, aménagement du territoire, transports non urbains, gestion des lycées, formation professionnelle.

■ Les trois niveaux de collectivités se partagent les compétences dans les domaines suivants : sport, tourisme, culture, promotion des langues régionales, éducation populaire.

La répartition des compétences entre collectivités territoriales

Domaines de compétences	COMMUNE	DÉPARTEMENT	RÉGION
Urbanisme et aménagement	• Élaboration du PLU • Délivrance des permis de construire		• Schéma régional d'aménagement du territoire. • Contrat de plan État-Région
Habitat – Logement	Programme local de l'habitat	Fonds de Solidarité pour le logement	
Action sociale et santé	Aide aux personnes en difficulté (CCAS)	PMI + Aide sociale à l'enfance, aux personnes handicapées, à l'autonomie – RSA	
Sécurité	Police municipale	Police de la voirie départementale + SDIS	
Enfance – Jeunesse Activités périscolaires	• Haltes-garderies • Crèches • Centre de loisirs	• Crèches • Protection des mineurs	
Enseignement	Construction, équipement, entretien des …		
	• Écoles mater. • Écoles primaires	Collèges	Lycées
Formation professionnelle			• Formation Apprentissage • Enseignement artistique pro.
Transports	Urbains de personnes	Scolaires et routiers	Ferrés régionaux Schéma régional des transports
Voirie	Construction, entretien de la voirie :		
	communale	départementale et nationale	d'intérêt national
Infrastructures (ports & aéroports)	Ports de plaisance	Ports maritimes, de commerce et de pêche	• Ports fluviaux • Aérodromes civils
Environnement et développement durable	• Collecte, traitement des ordures ménagères • Distribution eau potable	Plan départemental de gestion des déchets	Plan régional d'élimination des déchets
		Participation au schéma d'aménagement et de gestion des eaux	
Culture	Enseignement artistique initial	Archives et bibliothèques départementales	Inventaire général du patrimoine
Action économique	Aides directes aux entreprises sous condition de la signature d'une convention avec le Conseil régional		• Coordination des aides aux entreprises • Schéma régional des aides

Comprendre l'organisation territoriale de l'État

Les spécificités de la commune

La commune, par ses dimensions, est la collectivité administrative de proximité : collectivité proche des habitants, elle peut leur offrir des services quotidiens. C'est également la plus ancienne et probablement la plus identifiée par les administrés.

1 Présentation

- C'est la loi du 14 décembre 1789 qui a érigé en communes « toutes les communautés d'habitants » (paroisses, villages, bourgs, villes) existant au moment de la Révolution française.
- Cette décision explique le nombre encore important de communes en France aujourd'hui : 34 970 communes au 1er janvier 2019 (34 841 en France métropolitaine et 129 dans les DOM). Au 1er janvier 2017, plus de 85 % des communes avaient moins de 2 000 habitants ; 42 communes avaient une population supérieure à 100 000 habitants. Néanmoins, quelle que soit sa taille, chaque commune est soumise aux mêmes normes et textes législatifs et dispose des mêmes compétences.
- Par ailleurs, contrairement aux deux autres collectivités (département, région), la commune a pour particularité d'être tout à la fois une circonscription administrative (déconcentration) et une collectivité territoriale (décentralisation) **dotée d'un seul et unique représentant : le maire**.
- C'est pourquoi il est couramment dit que le maire d'une commune a « une double casquette ».

Déconcentration		Décentralisation	
Circonscriptions administratives	**Représentants de l'État**	**Collectivités territoriales**	**Organe exécutif**
Commune	**Maire**	**Commune**	**Maire**
Arrondissement	Sous-préfet		
Département	Préfet de département	Département	Président du conseil départemental
Région	Préfet de région	Région	Président du conseil régional

2 Le maire, agent de l'État

En tant qu'agent de l'État, le maire exerce des attributions, d'une part, sous le contrôle du préfet en ce qui concerne ses attributions administratives ; d'autre part, sous le contrôle du procureur de la République en ce qui concerne ses attributions « judiciaires ».

A| Les attributions sous le contrôle du préfet

■ Le maire est chargé :
– de la publication et de l'exécution des lois et règlements ;
– de l'établissement des listes électorales, des listes des appelés au service national ;
– de l'exécution des mesures de sûreté générale.

■ **Le maire est l'autorité de police administrative au nom de la commune.** Afin de mener ses missions de sécurité publique, tranquillité publique et salubrité publique, le maire possède des pouvoirs de police générale. Il exerce ses pouvoirs au nom de la commune, sous le contrôle administratif du préfet. Le pouvoir de police administrative du maire est un pouvoir normatif qui permet au maire d'édicter des mesures réglementaires et individuelles (il ne doit pas être confondu avec les missions des services de police municipale). Ce pouvoir de police générale inclut : la police municipale ; la police rurale ; l'exécution des actes de l'État qui y sont relatifs.

■ **Le pouvoir de police confié au maire est un pouvoir qui lui est propre, qu'il est seul à pouvoir mettre en œuvre**. Le conseil municipal ne peut pas prendre de mesures de police administrative, elles seraient entachées d'incompétence. Par exemple, une délibération du conseil municipal ne peut pas enjoindre au maire de prendre des mesures de police.

■ Le maire est également **officier d'état civil**. À ce titre, il tient les registres de l'état civil (naissances, mariages, décès), célèbre les mariages, délivre les actes de naissance, de mariage et de décès.

B| Les attributions sous le contrôle du procureur de la République

■ Conformément aux dispositions du Code de procédure pénale, le maire a la qualité d'**officier de police judiciaire**. L'exercice de ce pouvoir s'effectue sous le contrôle du procureur de la République.

■ Il peut, sur les instructions du procureur de la République, être amené à diligenter des enquêtes sur la personnalité des personnes poursuivies ainsi que sur leur situation matérielle, familiale ou sociale. En sa qualité d'officier de police judiciaire, le maire est tenu de signaler sans délai au procureur de la République les crimes et délits dont il a connaissance dans l'exercice de ses fonctions.

■ En pratique, ces missions sont surtout confiées aux maires des communes où il n'existe pas d'autres officiers de police judiciaire.

3 Le maire, agent de la commune

A| Les pouvoirs exécutifs du maire

■ En tant qu'organe exécutif de la commune, avec le conseil municipal, le maire est chargé de :
- préparer et présider les réunions du conseil ;
- exécuter les délibérations du conseil ;
- préparer et proposer le budget ;
- souscrire les marchés ;
- tenir le rôle d'ordonnateur des dépenses ;
- conserver et administrer les propriétés de la commune ;
- diriger les travaux communaux ;
- pourvoir aux mesures relatives à la voirie communale ;
- représenter la commune.

■ De plus, **le conseil municipal peut déléguer ses compétences au maire**. Pour éviter des abus, ces compétences sont limitativement énumérées par le Code général des collectivités territoriales. Elles sont au nombre de 26. Elles peuvent être déléguées en tout ou partie, et pour la durée de son mandat.

! *Le maire doit rendre compte à chacune des réunions obligatoires du conseil municipal de la manière dont il a utilisé ces délégations. Par ailleurs, le conseil municipal peut toujours mettre fin à la délégation.*

B| Les pouvoirs propres du maire

■ En tant que « chef » de la commune sans le conseil municipal, le maire est le chef hiérarchique du personnel ; le chef de la police municipale. Il délivre les autorisations d'urbanisme et prend des arrêtés municipaux.

■ Dans le cadre de ses attributions communales, le maire agit sous le contrôle du préfet.

■ Le maire détient des **pouvoirs en matière d'urbanisme**. Dans les communes où un plan local d'urbanisme a été adopté, le maire délivre le permis de construire au nom de la commune.

■ Il détient des pouvoirs de **police municipale**. La police municipale est une **police administrative** c'est-à-dire qu'elle a pour finalité de **prévenir** les atteintes à l'ordre public et donc de **garantir** la sûreté, la sécurité et la tranquillité. Il existe également des polices spéciales comme la police de la circulation et du stationnement, la police des baignades, la police des ports maritimes, la police des funérailles et des lieux de sépulture. Ces diverses polices se traduisent par des **arrêtés de police du maire** qui interdisent, réglementent ou soumettent à autorisation certaines activités. Comme l'ordre public est en jeu, le préfet peut se substituer au maire en cas de carence de celui-ci.

Les autorités de police sont :

Sur le plan de l'État	• Le Premier ministre • Les préfets et sous-préfets	L'État assure le maintien de l'ordre sur l'ensemble du territoire (police d'État)
Sur le plan local	• Le maire • Les présidents d'EPCI	Le maire et les présidents des ECPI prennent des mesures d'ordre local (police municipale), mais ne peuvent pas avoir pour finalité de régler des problèmes sociaux (arrêté « couvre-feu »)

La distinction entre les polices

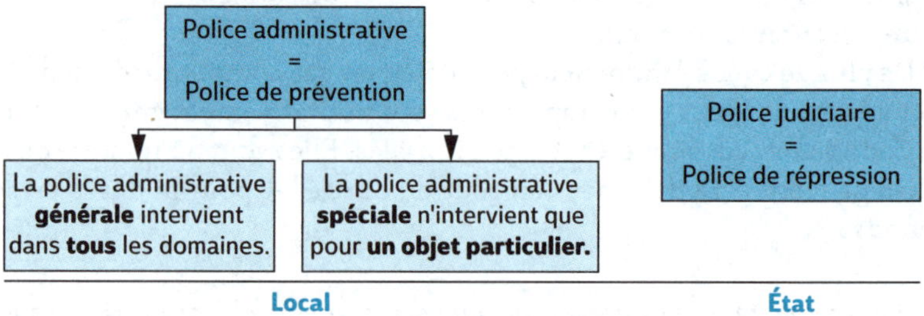

Les différents pouvoirs du maire

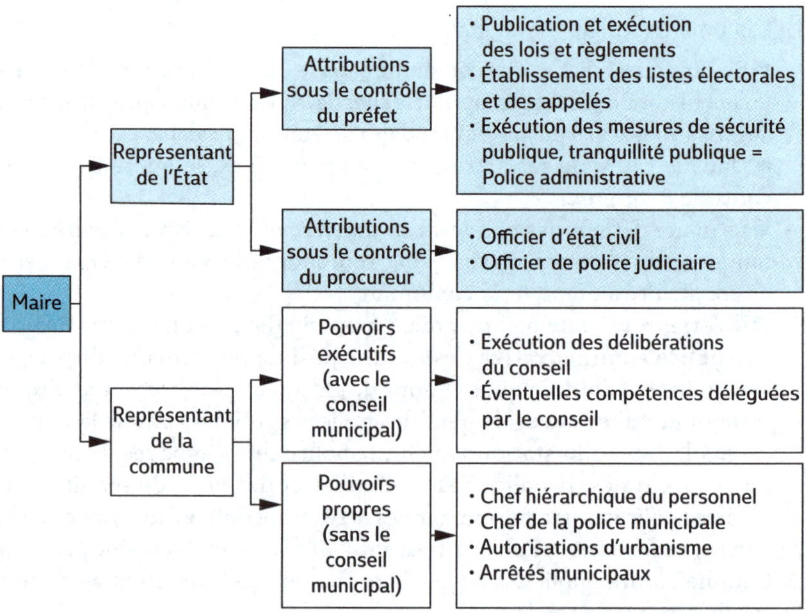

Tableau récapitulatif du fonctionnement des collectivités territoriales

	Communes	Départements	Régions
Nom des élections	Municipales	Départementales	Régionales
Élections	**Scrutin de liste à 2 tours** • Communes – de 1 000 hab. : scrutin majoritaire, plurinominal • Communes + de 1 000 hab. : scrutin proportionnel avec prime majoritaire	**Scrutin binominal majoritaire à 2 tours** 2 élus par canton (1 femme, 1 homme)	**Scrutin de liste à 2 tours** Avec représentation proportionnelle à la plus forte moyenne, sans panachage ni vote préférentiel, se combinant avec une prime majoritaire
Organe délibérant	Conseil municipal	Conseil départemental	Conseil régional
Durée du mandat de l'organe délibérant	6 ans	6 ans	6 ans
Attributions de l'organe délibérant	• Gère par délibérations les affaires : de la commune, du département, de la région • Élit l'organe exécutif • Vote le budget • Crée et supprime les emplois municipaux de la commune, du département, de la région		
Organe exécutif	Maire	Président du Conseil départemental	Président du Conseil régional
Durée du mandat de l'organe exécutif	6 ans	6 ans	6 ans
Attributions de l'organe exécutif	• Prend des arrêtés • Prépare et préside les réunions • Prépare le budget • Exécute le budget • Ordonne les dépenses • Organise les élections, le recensement • Délivre certains permis		

Fonctions	• Chef du personnel • Autorité de police municipale • Officier d'État civil	• Chef du personnel • Autorité de police administrative	Chef du personnel
Organe consultatif		Commission permanente	**Conseil économique, social et environnemental (CESER).** Il doit être consulté avant que les élus ne prennent leurs décisions
Nature du contrôle exercé sur les décisions	Contrôle de la légalité exercé *a posteriori* par le préfet du département		Contrôle de la légalité exercé *a posteriori* par le préfet de la région

La coopération intercommunale

En France, la commune est, historiquement, l'échelon administratif et politique de base. Cependant, pour remédier à ce qui a été qualifié « d'émiettement communal » et à l'incapacité, pour les plus petites communes d'assurer leurs obligations, diverses formes de regroupements de communes ont été proposées dès la fin du XIXe siècle.

1 La notion de coopération intercommunale

■ La coopération intercommunale est **le regroupement de plusieurs communes**.

■ Ce regroupement permet aux communes qui en font partie de mieux exercer leurs compétences et de mieux répondre aux besoins de la population. Ainsi, grâce à une gestion **collective et optimisée**, des activités ou des services d'intérêt communautaire sont développés.

- **Exemple**

Gestion de rivières et de leur bassin, assainissement, transports urbains, équipements sportifs, équipements culturels, cimetières…

2 Brève histoire de la coopération intercommunale

■ La coopération intercommunale, **à l'origine fondée sur la libre association de communes et sur la liberté de négociation contractuelle**, est ancienne.

■ En effet, les premiers **établissements de gestion** de la coopération intercommunale sont apparus dès 1890 sous la forme de « **syndicats** » - syndicats de communes (1890) et syndicats mixtes (1935).

■ À partir des années 1950, le développement de l'urbanisation d'après-guerre incite le législateur à créer des formules plus intégrées que le syndicat de communes, dotées de compétences obligatoires (et éventuellement, des compétences facultatives) précédemment assurées par les syndicats de communes.

■ En 1992 (loi du 6 février), une nouvelle conception de l'intercommunalité se fait jour avec l'apparition des communautés. Mais cette forme de regroupement stagne – en 1999, seulement 111 groupements communautaires sont comptés sur tout le territoire.

■ C'est pourquoi **la loi du 12 juillet 1999 vise à accélérer la création de nouvelles structures.** Elle confirme, en les remaniant, les « communautés de communes » et les « communautés urbaines » et crée les « communautés d'agglomération ».

■ Au-delà de ces aspects institutionnels, la loi de 1999 souhaite promouvoir **une intercommunalité de projet**. C'est ainsi qu'elle dote les communautés urbaines, les communautés d'agglomération et les communautés de communes de compétences et d'outils renforcés en matière de gestion et d'aménagement de l'espace, en leur donnant pour vocation de prendre en compte des intérêts dépassant le seul territoire communal.

■ À la fin des années 2000, plusieurs rapports font état de :

– la multiplicité des acteurs dans le domaine de la gestion publique – syndicats intercommunaux ou mixtes, communautés de communes, pays... ;
– la faible lisibilité de l'organisation territoriale ;
– la parcellisation des compétences entre les différents groupements communaux ;
– la complexité des financements.

■ La loi du 16 décembre 2010 de Réforme des collectivités territoriales va tenter d'apporter une réponse à cette problématique. Elle définit trois objectifs principaux quant à l'intercommunalité :

– achever la carte intercommunale d'ici au 31 décembre 2013 – **la loi rend obligatoire pour les communes l'adhésion à une intercommunalité au plus tard au 1er janvier 2014** ;
– rationaliser les périmètres existants ;
– simplifier l'organisation intercommunale de l'époque.

■ La loi crée également deux nouvelles formes d'association : la métropole et le pôle métropolitain.

La coopération intercommunale		
Dates et formes	**Compétences**	**Fiscalité**
1890-1956 : Développement des syndicats de gestion		
Syndicat intercommunal	Libre association, négociation contractuelle	Non
1959 – 1992 : Le fait urbain		
Syndicat intercommunal	Libre association, négociation contractuelle	Non
District urbain	Obligatoires et éventuellement facultatives	Oui
1992 : Apparition de l'intercommunalité de projet		
Syndicat intercommunal	Libre association, négociation contractuelle	Non
District urbain	Obligatoires et éventuellement facultatives	Oui
Communauté de communes	Dotées de compétences élargies	Oui

Communauté de villes	Sont obligatoirement compétentes en matière d'aménagement de l'espace et de développement économique	Oui
1999 : Communautés d'agglomération et communautés urbaines		
Syndicat intercommunal	Libre association, négociation contractuelle	Non
Communauté de communes	Dotées de compétences et d'outils renforcés en matière de gestion et d'aménagement de l'espace.	Oui
Communauté d'agglomération		
Communauté urbaine		
2010 : Achèvement et rationalisation de l'intercommunalité		
Syndicat intercommunal	Libre association, négociation contractuelle	Non
Communauté de communes	Dotées de compétences obligatoires, optionnelles et facultatives	Oui
Communauté d'agglomération		
Communauté urbaine	Exerce de plein droit, au lieu et place des communes membres, leurs compétences.	Oui
Métropole	• Compétences issues des communes, des départements et des régions. • Compétences dévolues par l'État. • Autres compétences dont la liste est fixée par décret en Conseil d'État et qui relèvent de la compétence de l'État, d'une collectivité territoriale ou de leurs établissements publics.	Oui
1er janvier 2014. Toutes les communes encore isolées doivent obligatoirement avoir adhéré à une catégorie de communautés.		
2015-2017 : La nouvelle carte intercommunale		
La loi du 7 août 2015 portant nouvelle organisation territoriale de la République, dite loi NOTRe, fait obligation aux préfets de chaque département de proposer un nouveau schéma départemental de coopération intercommunale (SDCI), avant le 31 mars 2016, avec pour objectif de réduire de près de 40 % le nombre d'établissements publics de coopération intercommunale.		
Le 31 mars 2016, le SDCI est mis en place dans chaque département.		

3 Les deux principales catégories de coopération intercommunale pour une seule forme d'établissement de gestion

A| Les deux principales catégories de coopération intercommunale

Les syndicats	Les communautés
Forme associative	**Forme fédérative**
• Ils sont fondés sur la **libre association** des communes et sur la **liberté contractuelle** depuis leur création en 1890. • Ils exercent des **responsabilités variées transférées par les différentes communes membres**. • **Ils ne peuvent percevoir d'impôts** (**sans fiscalité propre**). Leurs ressources sont donc constituées des contributions des communes le composant. • Ils se constituent dans l'objectif de mieux exercer leurs compétences et de mieux répondre aux besoins de la population grâce à une gestion commune et optimisée des activités ou des services d'intérêt communautaire. • Les plus connus sont : – les SIVU – syndicats intercommunaux à vocation unique ; – les SIVOM – syndicats intercommunaux à vocation multiple.	• Depuis le 1er janvier 2014, **l'adhésion des communes** à une catégorie de communautés est **obligatoire**. • Elles exercent **des compétences dévolues par l'État** (obligatoires) et **des compétences déléguées par leurs communes membres**. • Elles ont toujours disposé du droit de prélever l'impôt – les quatre taxes locales (**avec fiscalité propre**). • Elles ont été constituées dans l'objectif d'optimiser leurs ressources dans le cadre de **projets d'aménagement du territoire**. • Elles ont au nombre de 3 : – les communautés de communes ; – les communautés d'agglomération ; – les communautés urbaines. • Les métropoles en font partie par suite de la loi du 16 décembre 2010 de Réforme des collectivités territoriales.
EPCI sans fiscalité propre	**EPCI à fiscalité propre**

B| Une seule forme d'établissement pour leur gestion

Que la catégorie du regroupement de communes soit syndicale ou communautaire, le regroupement est géré par établissement public, c'est-à-dire une personne morale de droit public, financée par des fonds publics et devant remplir une mission d'intérêt général.

Ici, la mission d'intérêt général est la coopération intercommunale.

Très logiquement, l'**É**tablissement **P**ublic en charge d'une mission de **c**oopération **i**ntercommunale s'appelle un : **É**tablissement **P**ublic de **C**oopération **I**ntercommunale ou **EPCI.**

À savoir

L'Établissement Public de Coopération Intercommunale (EPCI) est une structure administrative dotée de la personnalité morale de droit public, distincte des communes membres et de l'État.

4 Règles organisationnelles de l'EPCI à fiscalité propre (communautés)

L'EPCI étant un établissement public administratif, il est administré par des organes qui lui sont propres. Ces organes sont au nombre de deux : un organe exécutif (Président) et un organe délibérant (conseil communautaire).

A| Le président, organe exécutif

Les attributions du président sont celles qui appartiennent à tout exécutif local. Il :
- prépare et exécute les délibérations de l'organe délibérant ;
- est l'ordonnateur des dépenses et prescrit l'exécution des recettes de l'EPCI ;
- est le chef des services de l'EPCI qu'il représente en justice ;
- peut déléguer, sous sa surveillance et sous sa responsabilité, l'exercice d'une partie de ses fonctions aux vice-présidents ;
- est assisté d'un bureau, composé essentiellement des **vice-présidents**, qui peut recevoir certaines délégations du conseil délibérant ;
- dispose de certains pouvoirs de police, de plein droit pour l'exercice des compétences de l'EPCI, ou par délégation volontaire des communes.

B| L'organe délibérant (conseil communautaire)

■ Pour les conseils communautaires, la loi définit, de façon précise, les conditions de fixation du nombre de sièges à pouvoir en faisant une distinction selon le type d'EPCI à fiscalité propre (communautés de communes, d'agglomération, urbaine).

■ Chaque commune membre d'un EPCI à fiscalité propre est nécessairement représentée au conseil communautaire. Pour l'élection des conseillers communautaires, une distinction est à faire entre les communes de moins de 1 000 habitants et celles de 1 000 habitants et plus :
- **communes de moins de 1 000 habitants** : les conseillers communautaires siégeant au conseil communautaire sont des membres désignés par les conseils municipaux de chaque commune membre ;
- **communes de 1 000 habitants et plus** : depuis 2014, les conseillers communautaires sont élus au scrutin de liste au suffrage universel direct pour une durée de six ans, en même temps que l'élection des conseillers municipaux.

■ Les candidats aux sièges de conseiller municipal et de conseiller communautaire doivent figurer sur deux listes distinctes, les seconds devant nécessairement être issus de la liste des conseillers municipaux. Les électeurs ne votent qu'une fois, les deux listes devant en effet figurer sur le même bulletin de vote.

■ **L'EPCI de forme fédérative** est caractérisé par :
• une fiscalité directe locale
• l'existence de compétences :
- **obligatoires** : celles qui doivent être impérativement transférées à l'EPCI pour qu'il puisse se créer dans la catégorie correspondante ;

– **optionnelles** : un choix est possible dans une liste prédéfinie de compétences ;
– **facultatives** : supplémentaires à toutes celles qui ne sont pas prévues au titre des compétences obligatoires et optionnelles.
Ainsi, au sein de la même catégorie d'EPCI, les transferts de compétences donneront lieu à de structures plus ou moins intégrées.

5 Principes de fonctionnement d'un EPCI à fiscalité propre

A| Le principe de spécialité

L'EPCI ne peut intervenir que dans le champ des compétences qui lui sont transférées ou déléguées par les communes membres et à l'intérieur de son périmètre (celui des communes membres).

B| Le principe d'exclusivité

L'EPCI est le seul à pouvoir agir dans les domaines se rattachant aux compétences qui lui ont été transférées par les communes membres.

2 FORMES DE COOPÉRATION INTERCOMMUNALE	
1. Syndicat <u>sans</u> fiscalité propre	**2. Communauté <u>avec</u> fiscalité propre**
Syndicats intercommunaux : – à vocation unique (SIVU) – à vocation multiple (SIVOM)	• Communautés de communes • Communautés d'agglomération • Communautés urbaines • Métropoles
1 structure administrative de gestion = l'établissement public	
Puisque cet établissement public est ici chargé de gérer une « coopération intercommunale », il est appelé : **Établissement Public de Coopération Intercommunale = EPCI.**	
Les organes de l'ECPI	
Un organe exécutif	**Un organe délibérant**
Le président de l'EPCI élu par les membres de l'organe délibérant.	Le conseil communautaire, composé de représentants des communes-membres élus dans le cadre de l'élection municipale au suffrage universel direct.
Les principes de fonctionnement d'un ECPI	
Le principe de spécialité	**Le principe d'exclusivité**
L'EPCI ne peut intervenir que dans le champ des compétences qui lui sont transférées ou déléguées par les communes membres et à l'intérieur de son périmètre (celui des communes membres).	L'EPCI est le seul à pouvoir agir dans les domaines se rattachant aux compétences qui lui ont été transférées par les communes membres.

À savoir

La décentralisation s'est concrétisée par la création de deux nouvelles catégories de personnes morales de droit public distinctes de l'État : les collectivités territoriales et les établissements publics.

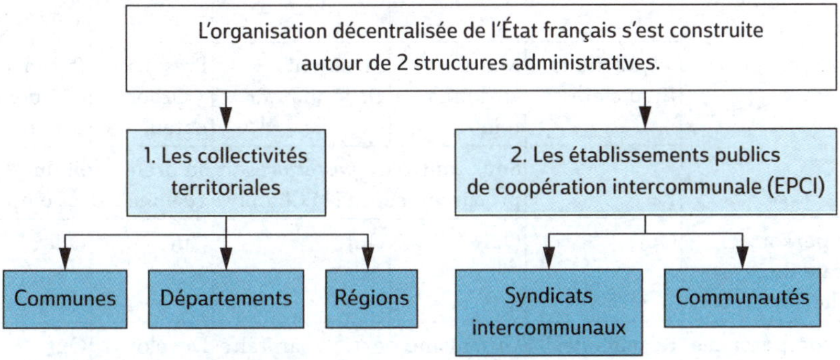

Tableau récapitulatif et comparatif État/Collectivités territoriales/EPCI

	État	Commune	Département	Région	EPCI
Un territoire	Oui	Oui	Oui	Oui	Oui
Une population	Oui	Oui	Oui	Oui	Oui
Une autorité publique	Oui	Oui	Oui	Oui	Oui
Une souveraineté	Oui	Non	Non	Non	Non
Un pouvoir exécutif	• Président de la République • Premier Ministre • Ministres	Maire	Président	Président	Président
Un pouvoir législatif	Assemblée nationale et Sénat	Conseil municipal	Conseil départemental	Conseil régional	Conseil communautaire
		Sous contrôle *a posteriori* du préfet de région ou du préfet de département			

Un pouvoir judiciaire	Juridictions judiciaires	Maire 1. au titre d'élu local 2. au titre de représentant de l'État	Non	Non	Non
	Juridictions administratives		Non	Non	Non
	Juridictions financières	Maire = Ordonnateur	Président = Ordonnateur	Président = Ordonnateur	Président = Ordonnateur
		Sous contrôle *a posteriori* soit du préfet, soit du procureur, soit de la Chambre régionale des comptes			
Une personne morale de droit public	Oui	Oui	Oui	Oui	Oui
Des compétences propres	Régaliennes	Urbanisme	Action sanitaire et sociale	Développement économique	Oui
Des compétences générales	Oui	Oui	Non	Non	Non
Des compétences spécifiques	Oui	Non = Générales	Oui	Oui	Oui
Une administration	• Fonction publique d'État • Fonction publique hospitalière	Fonction publique territoriale			

La commune nouvelle

La question de l'amplitude du morcellement municipal remonte à la période de la création des municipalités le 12 novembre 1789 (44 000), sous la Révolution française. Aussi, dès l'été 1790, l'Assemblée révolutionnaire met-elle en place une législation facilitant la fusion des municipalités.

1 Historique

■ La rationalisation de la carte communale a toujours été une préoccupation du législateur, au point que tous les gouvernements qui succéderont à l'Assemblée constituante de 1789, du Consulat à la VIe République en passant par la monarchie de Juillet et le Second Empire, proposent des réformes **visant à la fusion ou au regroupement de communes**.

■ Au XXe siècle, la loi du 16 juillet 1971 sur les fusions de communes et regroupements de communes, dite « loi Marcellin », fut, elle aussi, une tentative, sans grand succès, de relance de la rationalisation de la carte communale par **fusion** de communes.

■ Au XXIe siècle, deux lois réaffirment et promulguent la possibilité de **création** des communes nouvelles :

– la **loi du 16 décembre 2010 de Réforme des collectivités territoriales** (RCT), dans son article 21, abroge le statut de l'association de communes pour lui substituer celui de **la commune nouvelle** s'appuyant notamment sur le périmètre des intercommunalités que les communes ont développées ;

– **la loi du 16 mars 2015 relative à l'amélioration du régime de la commune nouvelle, pour des communes fortes et vivantes**. Cette dernière loi est venue améliorer le régime de la commune nouvelle créée par la loi du 16 décembre 2010 et instaure un « pacte de stabilité » de la dotation globale de fonctionnement (DGF) pour toute commune nouvelle créée au plus tard le 1er janvier 2016 [exonération de la baisse de la DGF ; maintien des dotations de solidarité perçues par les « anciennes » communes (DSU, DSR, DNP)].

2 La commune nouvelle

A| Définition

La création de la commune nouvelle a pour objectif de proposer une formule rénovée « de regroupement » aux communes, qui aboutit à la **création** d'une commune nouvelle.

Dans le cadre de cette formule rénovée, la commune nouvelle est issue de **l'unification en une seule commune de plusieurs communes jusqu'alors distinctes**. Ce processus est donc une **fusion** des communes en une seule – la commune nouvelle, qui se substitue aux communes précédentes.

B| Enjeux

L'enjeu principal de la commune nouvelle est d'apporter une solution à l'émiettement communal **en mutualisant les moyens et les institutions** tout en diminuant le nombre des « anciennes » communes.

C| Création

La création d'une commune nouvelle peut :
– résulter d'une **demande de tous les conseils municipaux des communes** de la future commune nouvelle. C'est alors un véritable « projet de territoire » ayant des incidences fortes tant sur les territoires que sur les élus en place dont l'accord unanime est obligatoire. Cette procédure de création présente l'avantage de la rapidité (seule une délibération de chaque commune est nécessaire, sans nouvelle consultation de ces dernières par la suite ni référendum à organiser) ;
– émaner de **la demande d'une majorité qualifiée**, les deux tiers au moins des conseils municipaux des communes membres d'un même établissement public de coopération intercommunal (EPCI) et représentant plus des deux tiers de la population totale de ces dernières ;
– émaner directement de **l'organe délibérant de l'EPCI** si la création de la commune nouvelle se substitue à l'ensemble des communes membres ;
– être créée à **l'initiative du représentant de l'État** dans le département.

D| Le statut de la commune nouvelle

■ La commune nouvelle est **une collectivité territoriale** soumise, sous réserve de quelques règles spécifiques, aux règles applicables aux communes. Elle dispose donc d'un organe exécutif : le maire, et d'un organe délibérant : le conseil municipal.

■ La loi prévoit également **la possibilité** d'instaurer des communes déléguées correspondant aux anciennes communes, reprenant leur nom et leurs limites territoriales **mais ne disposant pas de la personnalité morale**.

E| Les conséquences de la création

■ **Vis-à-vis des communes ayant fusionné** : la commune nouvelle est substituée aux communes pour toutes les délibérations et les actes ; pour l'ensemble des biens, droits et obligations ; dans les syndicats dont les communes étaient membres. Tous les personnels municipaux sont rattachés à la commune nouvelle.

■ **Devenir des « anciennes » communes** : les communes deviennent des **communes déléguées**, sauf décision contraire du conseil municipal de la commune nouvelle dans un délai de six mois à compter de sa création.

■ En cas de mise en place de communes déléguées, chacune dispose :
– d'un maire délégué et éventuellement d'un ou plusieurs adjoints, désignés par le conseil municipal de la commune nouvelle, parmi ses membres ;
– d'une annexe de la mairie dans laquelle sont établis les actes d'état civil concernant les habitants de la commune déléguée.

■ Sur décision du conseil municipal de la commune nouvelle, à la majorité des deux tiers de ses membres, un conseil de la commune déléguée, dont les membres sont désignés parmi ceux du conseil municipal de la commune nouvelle, peut être créé dans tout ou partie des communes déléguées.

Les communes déléguées

- **Le rôle du maire délégué**. Il est officier d'état civil et officier de police judiciaire (comme le maire de la commune nouvelle). Il rend un avis sur les décisions d'urbanisme, permissions de voirie, projets d'acquisition, d'aliénation d'immeubles, (...) réalisés par la commune nouvelle.
- **Le rôle du conseil de la commune déléguée.** Il délibère sur l'implantation et le programme d'aménagement des équipements de proximité (écoles, social, culturel, sportif...) qu'il gère. Il se peut, à la demande de la commune nouvelle, gérer un équipement ou un service. Il est consulté notamment sur le montant des subventions aux associations et le PLU et toute opération d'aménagement.
- Chaque année, la commune déléguée reçoit des dotations (allouées librement) réparties par le conseil de la commune nouvelle : dotation d'investissement ; dotation d'animation locale ; dotation de gestion locale. Un état spécial, annexé au budget de la commune nouvelle, retrace les dépenses et recettes de chaque commune déléguée.

F| Les ressources de la commune nouvelle

■ La commune nouvelle bénéficie de la fiscalité communale et des incitations financières du « pacte de stabilité » prévu dans la loi du 16 mars 2015. Celui-ci garantit, pour les communes mises en place au 1er janvier 2016 au plus tard, le gel des dotations de l'État. Ces avantages ont représenté en 2017 une DGF supplémentaire de 34,70 M€ pour les communes nouvelles.

■ Comme en 2018, la loi de finances pour 2019 reconduit le pacte de stabilité financière pour les communes nouvelles qui seront créées entre le 2 janvier 2019 et le 1er janvier 2021.

3 Le développement de la commune nouvelle

■ Entre le 1er janvier 2012 et le 1er janvier 2015, seules 25 communes nouvelles ont été créées, entraînant la disparition de 70 communes.

■ Mais avec la loi du 16 mars 2015 relative à l'amélioration du régime de la commune nouvelle, la dynamique s'est amplifiée, notamment **grâce au pacte financier** qui garantit pendant trois ans le niveau des dotations de l'État, **mais aussi grâce à la souplesse du dispositif**. À l'exception de la Corse et des collectivités d'outre-mer, toutes les régions ont enregistré sur leur territoire la création d'au moins une commune nouvelle.

■ Cependant, **deux régions** concentrent à elles seules **plus de 50 % des communes fondatrices** : **la Normandie** (36,5 %) et **les Pays de la Loire** (15,5 %).

■ Dans ces deux régions, **quatre départements concentrent près de 30 % des communes nouvelles de la période 2015-2016** : le Calvados, l'Eure, le Maine-et-Loire et la Manche.

■ Et les quatre départements qui ont réduit le plus le nombre de leurs communes sont le Maine-et-Loire (– 48 %), le Calvados (– 24 %), la Manche (– 21 %) et l'Orne (– 20 %).

Normandie		**Pays de la Loire**	
Communes fondatrices	36,5 %	Communes fondatrices	15,5 %
4 départements concentrent ± 30 % des communes nouvelles de la période 2015-2016			
Normandie		**Pays de la Loire**	
Calvados		Maine-et-Loire	
Eure			
Manche			
Les 4 départements qui ont réduit le plus le nombre de leurs communes			
Normandie		**Pays de la Loire**	
Calvados	– 24 %	Maine-et-Loire	– 48 %
Manche	– 21 %		
Orne	– 20 %		

■ En 2018, le mouvement de création de communes nouvelles est reparti à la hausse puisqu'un peu plus de 200 communes nouvelles (233 exactement) ont vu le jour le 1er janvier 2019. Depuis 2015, la France compte ainsi, **au 1er janvier 2019, plus de 800 communes nouvelles**.

■ Les communes nouvelles ainsi créées devraient être les dernières du mandat 2014-2020 puisque, selon l'article 7 de la loi du 11 décembre 1990 organisant la concomitance des renouvellements des conseils généraux et des conseils régionaux, « il ne peut être procédé à aucun redécoupage des circonscriptions électorales dans l'année précédant l'échéance normale de renouvellement des assemblées concernées ».

Année	Date	France métropolitaine			DOM	Total
2015	1er janvier 2015	13	37	36 529	129	36 658
2016	1er janvier 2016	306	1 014	35 756	129	35 885
2017	1er janvier 2017	181	573	35 287	129	35 416
2018	1er janvier 2018	36	93	35 228	129	35 357
2019	**1er janvier 2019**	**238**	**624**	**34 841**	**129**	**34 970**

Fusion de communes et regroupement de communes

Ces expressions ne doivent pas être confondues ou considérées comme synonymes.

- La « **fusion** de communes » est la réunion de plusieurs communes distinctes en une seule et unique commune – **la commune nouvelle**, au statut de **collectivité territoriale**. Dans ce cas, cette commune nouvelle se voit attribuée sa propre identité (nom, domicile, code postal, patrimoine, personnalité juridique...). Les anciennes communes subsistent sous forme de communes déléguées, reprenant leur nom et leurs limites territoriales mais sans disposer de la personnalité morale puisqu'elles ne sont plus des collectivités territoriales (les communes déléguées ont des compétences proches de celles des arrondissements municipaux).

Exemple : Dans le département de l'Ain (01), les communes de Cormaranche-en-Bugey – Hauteville-Lompnes – Hostiaz – Thézillieu ont fusionné et donné à la commune nouvelle de Plateau d'Hauteville, code postal 01185.

- Le « **regroupement** de communes » s'est développé dans le cadre de la **coopération intercommunale** pour répondre à deux objectifs très différents :

– la gestion commune de certains services publics locaux (ramassage des ordures ménagères, transports urbains...) ou la réalisation d'équipements locaux, de manière à mieux répartir les coûts et à profiter d'économies d'échelle (syndicat) ;

– la conduite collective de projets de développement local (communautés).

- Néanmoins, quel que soit l'objectif retenu, le « regroupement de communes » aboutit dans les deux cas à la création d'une structure administrative – **l'établissement public de coopération intercommunale (EPCI)**. Par ailleurs, aucune des communes membres ne disparaît au profit de l'EPCI ni ne perd son statut de collectivité territoriale. En revanche, des transferts de compétences des communes vers l'EPCI peuvent avoir lieu selon l'objectif de création retenu.

Exemple : Dans le département de la Marne (51), la communauté urbaine du Grand Reims regroupe 143 communes de 47 à 188 000 habitants.

ACTUALITÉ À SUIVRE (décembre 2019)

Le régime actuel des communes nouvelles a été créé par la loi du 16 décembre 2010 et par la loi du 16 mars 2015, dite « Pélissard ». Si ce nouveau dispositif a permis, depuis 2010, la création de plus de 774 communes nouvelles, regroupant 2 508 communes, l'expérience de ces pionnières a permis d'identifier certaines difficultés dans leur création et leur mise en œuvre. Afin de lever ces freins, la loi n° 2019-809 du 1er août 2019, dite « Gatel », a assoupli le régime juridique qui leur est applicable, afin de l'adapter aux diverses réalités des territoires, qu'il s'agisse de leur gouvernance, de leur fonctionnement, de leur procédure de création et de leur organisation avec l'intercommunalité.

Comprendre le texte

- La commune nouvelle est une collectivité territoriale dans laquelle ont fusionné volontairement plusieurs communes. Elle a la qualité de collectivité territoriale mais son fonctionnement est adapté à l'existence de communes déléguées. Il était prévu que le fonctionnement des conseils municipaux des communes nouvelles entre dans le droit commun après les élections municipales de 2020. La loi reporte cette échéance.

L'effectif transitoire du conseil municipal, entre le 1er et le 2e renouvellement des conseils municipaux suivant la création de la commune nouvelle, est relevé. La loi permet d'avoir un nombre de conseillers municipaux égal au 1/3 de l'addition des conseils municipaux des anciennes communes, dans la limite de 69 élus. Les communes à l'origine de la commune nouvelle, dont la population est relativement faible, sont ainsi mieux représentées.

- Les communes nouvelles disposent désormais d'un délai de 3 ans pour se conformer à certaines obligations si, lors de leur création, elles dépassent un certain seuil d'habitants [...].
- Les fonctions de maire de la commune nouvelle et de maire d'une commune déléguée sont cumulables mais pas leur indemnité.
- Par ailleurs, la loi offre à chaque commune nouvelle la possibilité de s'organiser librement, selon la spécificité de son territoire. Elle permet notamment :

– au conseil municipal de la commune nouvelle de supprimer, sous certaines conditions, une partie ou la totalité des communes déléguées ou des annexes ;

– l'organisation de conseils municipaux dans les annexes des communes déléguées.

- Un nouveau dispositif de commune-communauté est mis en place. Il autorise une commune nouvelle constituée à l'échelle de son établissement public de coopération intercommunale (EPCI) d'exercer aussi bien les compétences communales qu'intercommunales. Le choix de rejoindre un autre EPCI ou de devenir une commune-communauté doit être effectuée dès la création de la commune nouvelle.

Texte à consulter sur : (https://www.vie-publique.fr/loi/270745-loi-sur-les-communes-nouvelles-du-1er-aout-2019)

Comprendre l'organisation territoriale de l'État

La réforme administrative de l'État et des collectivités territoriales

En lançant la décentralisation de l'organisation administrative française en 1982, l'État a déclenché une véritable réforme structurelle de l'organisation administrative française, tant sur le plan national que territorial. Chaque nouvel « acte » a travaillé à une profonde modification de l'intégralité du paysage politique et administratif de l'État et des collectivités territoriales.

1 Acte I de la décentralisation : 1982-2003

- **Loi du 2 mars 1982** : loi portant « **droits et libertés des communes, départements et régions** » (loi de « grands principes ») ; fin de la tutelle de l'État sur les CT.
- **Lois du 7 janvier 1983 et du 6 janvier 1986** : premières lois de transferts de compétence de l'État vers les communes, départements et régions. La commune est la principale bénéficiaire de ces transferts.
- **Loi du 13 juillet 1983 portant droits et obligations des fonctionnaires, dite loi Anicet Le Pors.** La fonction publique, jusque-là limitée aux administrations de l'État, est étendue aux collectivités territoriales, aux établissements publics hospitaliers et aux établissements publics de recherche, faisant passer le nombre de fonctionnaires sous statut de 2,1 millions à quelques 5 millions. La fonction publique, dite dorénavant « à trois versants », est organisée par **quatre lois** constituant les titres successifs de la nouvelle **architecture du *Statut général des fonctionnaires*** :
  - Titre I – Droits et obligations des fonctionnaires (loi Le Pors) ;
  - Titre II – Fonction publique de l'État (loi du 11 janvier 1984) ;
  - Titre III – Fonction publique territoriale (**loi du 26 janvier 1984**). Elle substitue le système de la carrière au système de l'emploi pour les agents locaux ;
  - Titre IV – Fonction publique hospitalière (loi du 9 janvier 1986). Cette loi n'a pas été présentée par Anicet Le Pors.
- **Loi du 12 juillet 1999 relative au renforcement et à la simplification de la coopération intercommunale, dite « loi Chevènement ».** Elle renforce et simplifie la **coopération intercommunale** autour de 3 structures essentielles (EPCI « à fiscalité propre ») : communautés de communes, communautés d'agglomération et communautés urbaines.

2 Acte II de la décentralisation : 2003-2010

■ **Révision constitutionnelle du 28 mars 2003** : vaste révision du titre XII de la Constitution (réforme du droit de l'outre-mer ; apparition de principes touchant aux finances locales ; renforcement de la démocratie locale ; apparition du « droit à l'expérimentation », notion de collectivité territoriale « chef de file »).

■ **Loi du 13 août 2004** relative aux **libertés et responsabilités locales** : nouveaux transferts de compétences de l'État vers les collectivités territoriales. La loi simplifie également les règles de fonctionnement des EPCI et renforce leurs possibilités de transformation et de fusion.

■ **Loi du 16 décembre 2010 de Réforme des collectivités territoriales**. Achèvement du processus d'intercommunalité ; instauration de la commune nouvelle (collectivité territoriale) et de la métropole (EPCI).

3 Acte III de la décentralisation : 2013 - ?

▸ Loi du 17 mai 2013 relative à l'élection des conseillers départementaux, des conseillers municipaux, des conseillers communautaires et modifiant le calendrier électoral

■ Élections des conseillers départementaux dans le cadre de cantons redécoupés, chaque canton disposant de deux conseillers départementaux : une femme et un homme.

■ Les scrutins municipaux et intercommunaux sont modifiés.

■ Conformément au texte, les élections départementales et régionales auraient dû se dérouler en mars 2014 mais cette année électoralement chargé (municipales, européennes, sénatoriales) a amené le législateur à reporter les élections départementales et régionales en 2015.

▸ Loi du 27 janvier 2014 de Modernisation de l'action publique territoriale et d'affirmation des métropoles dite loi MAPTAM

■ Clarification des compétences des collectivités territoriales et instauration de la notion de « chef de filât ».

■ Sur le plan régional, création d'une conférence territoriale de l'action.

■ Nouveau statut pour les métropoles.

▸ Loi du 16 janvier 2015 relative à la délimitation des régions, aux élections régionales et départementales et modifiant le calendrier électoral

Cette loi substitue aux 22 régions métropolitaines existantes 12 régions (la Corse est considérée comme une collectivité territoriale à statut particulier) et repousse les élections régionales de mars à décembre 2015.

▸ Loi du 16 mars 2015 relative à l'amélioration du régime de la commune nouvelle, pour des communes fortes et vivantes

Cette loi vient améliorer le régime de la commune nouvelle créée par la loi du 16 décembre 2010. Un pacte de stabilité de la dotation globale de fonctionnement (DGF) est créé les trois premières années de la création de la commune nouvelle.

▶ Loi du 7 août 2015 portant Nouvelle organisation territoriale de la République dite NOTRe

Loi qui vise à clarifier les compétences des différents échelons territoriaux (communes, départements, régions) ainsi que celles des intercommunalités, **modifiant de façon substantielle l'organisation des collectivités territoriales**. Ce texte procède, notamment :
– au renforcement des régions ;
– à une rationalisation de l'intercommunalité ;
– à un repositionnement du département axé sur la solidarité (action sociale) ;
– à une confirmation du rôle des communes dans leur mission de services de proximité, **seul échelon de collectivité à conserver la clause générale de compétence** ;
– à la poursuite du mouvement de regroupement de communes pour disposer, au 1er janvier 2017, d'intercommunalités de vaste taille.

▶ Loi du 20 avril 2016 relative à la déontologie et aux droits et obligations des fonctionnaires

Loi qui consacre les valeurs que le fonctionnaire doit respecter dans l'exercice de ses fonctions : **dignité, impartialité, intégrité, probité, neutralité, laïcité, égalité de traitement et respect de la liberté de conscience et de la dignité des usagers**. Si ces principes ont toujours été la base même du fonctionnement des administrations publiques, ils n'avaient pas été jusqu'à présent inscrits dans le ***Statut général des fonctionnaires***.

▶ Le programme « Action publique 2022 » lancé le 13 octobre 2017

À cette occasion, le Comité Action Publique 2022, « CAP 22 » a été officiellement installé. Il comprend une trentaine de personnalités : économistes, personnalités du secteur public et privé, élus. En parallèle, est également lancé, un Comité Jeune Action Publique 2022, composé d'étudiants et de jeunes actifs qui rendront leurs propositions en avril 2018.
Les trois objectifs sont :
1. Pour les usagers : améliorer la qualité des services publics, en passant d'une culture du contrôle à une culture de confiance ; en travaillant à la simplification et la numérisation des procédures administratives.
2. Pour les agents publics : leur offrir un environnement de travail modernisé, en les impliquant pleinement dans le définition et le suivi des transformations.
3. Pour les contribuables : accompagner la baisse des dépenses publiques, avec un objectif assumé de – 3 points de PIB d'ici 2022.
(https://www.gouvernement.fr/action/action-publique-2022-pour-une-transformation-du-service-public)

▸ Circulaire du 24 juillet 2018 sur l'organisation territoriale des services publics

Signée par le Premier ministre, elle fixe le cadre d'une évolution notable de l'organisation des services déconcentrés de l'État dans les 4 ans à venir.

- Évolution du périmètre des missions de l'État, en énumérant celles pour lesquelles « le rôle de l'État doit être réaffirmé », et celles qui ne seront pas maintenues dans le giron de l'État ou qui seront allégées « compte tenu de l'intervention des collectivités territoriales ».
- Évolution de l'organisation et de fonctionnement des services départementaux de l'État.
- Rationalisation des moyens de fonctionnement en fixant des objectifs de mutualisation : en matière d'immobilier (regroupements) et de gestion des moyens de fonctionnement.

En cours. La réforme des institutions

Promesse de campagne d'Emmanuel Macron, une réforme des institutions a été présentée par le gouvernement en 2018. Après un début d'examen de la réforme par les députés, les discussions ont été interrompues. Le 29 août 2019, **trois nouveaux projets de textes (constitutionnel, organique et ordinaire)** ont été déposés au Parlement.

1. Le projet de loi constitutionnelle

Il a été présenté au Conseil des ministres du 28 août 2019 par Mme Nicole Belloubet, garde des Sceaux, ministre de la justice.

Le projet de loi porte révision de la Constitution du 4 octobre 1958, afin de l'adapter aux demandes de participation et de proximité exprimées par les citoyens lors du Grand débat national. Il est complété par deux projets de loi, organique et ordinaire, également intitulés « pour un renouveau de la vie démocratique » et présentés au Conseil des ministres du 28 août 2019.

Les 3 projets de texte constituent la nouvelle version de la réforme des institutions, lancée puis suspendue en 2018.

Les 13 articles que compte le projet de loi constitutionnelle portent sur l'environnement, la participation citoyenne, les collectivités territoriales et la justice.

2. Projet de loi organique et projet de loi ordinaire pour un renouveau de la vie démocratique

Les projets de loi ont été présentés au Conseil des ministres du 28 août 2019 par M. Christophe Castaner, ministre de l'Intérieur. Ils complètent le projet de loi constitutionnelle pour un renouveau de la vie démocratique

- **Le projet de loi organique** prévoit une réduction de 25 % du nombre de parlementaires (au lieu de 30 % dans le projet de texte présenté en 2018).

Le nombre des députés est fixé à 433 (contre 577 actuellement) et celui des sénateurs à 261 (contre 348 actuellement). Cette mesure nécessite de renouveler intégralement le Sénat en 2021.

La réduction du nombre de parlementaires implique de déterminer le nombre de députés et de sénateurs élus par département, par collectivité d'outre-mer, en Nouvelle-Calédonie et au titre des Français établis hors de

France. Elle conduit également à arrêter une nouvelle délimitation des circonscriptions législatives (redécoupage électoral). Le projet de loi ordinaire habilite le gouvernement, dans les 18 mois à compter de la publication de la loi, à procéder par ordonnances à ces opérations.

- **Le projet de loi ordinaire** introduit 20 % de proportionnelle aux élections législatives (contre 15 % dans le projet déposé en 2018).

En 2022, 87 députés seront élus au scrutin de liste national à la représentation proportionnelle, c'est-à-dire sur des listes nationales soumises au vote de l'ensemble du corps électoral. Ce mode de scrutin nouveau obéira aux mêmes règles que celles des autres scrutins de liste : listes paritaires, représentation à la plus forte moyenne, seuil d'accès à la répartition des sièges fixé à 5 % des suffrages exprimés. Les députés élus par les Français établis hors de France seront également élus au scrutin de liste, dans une circonscription désormais unique.

Les autres députés (346) seront élus comme aujourd'hui au scrutin uninominal majoritaire à 2 tours.

Le scrutin proportionnel se déroulera le même jour que le premier tour du scrutin uninominal majoritaire. Les électeurs disposeront de deux bulletins de vote : le premier pour le député de leur circonscription et le second pour une liste nationale.

- **Les deux projets de loi limitent le cumul dans le temps à trois mandats identiques pour les parlementaires et les exécutifs locaux.**

Source : https://www.vie-publique.fr/dossier/267984-la-reforme-des-institutions-2019

La loi du 6 août 2019 de transformation de la fonction publique et de son calendrier de mise en œuvre vise à moderniser le statut et les conditions de travail dans la fonction publique.

Le pouvoir réglementaire des collectivités territoriales

Les collectivités territoriales sont tenues au respect de la loi. Cependant, le législateur ou le pouvoir réglementaire peut leur permettre de déroger aux dispositions législatives ou réglementaires.

1 Définition

- Le pouvoir réglementaire est le pouvoir dont disposent les autorités exécutives pour édicter des règlements, c'est-à-dire des actes exécutoires, de portée générale et impersonnelle pour les domaines non couverts par la loi (article 37 de la Constitution).
- Le pouvoir réglementaire s'oppose au pouvoir législatif.
- En France, le pouvoir réglementaire est détenu principalement par le Premier ministre, ainsi que par le président de la République pour les textes les plus importants, après délibération en Conseil des ministres.
- Les ministres ne disposent pas du pouvoir réglementaire par la Constitution. Il est cependant possible au Premier ministre ou au pouvoir législatif de déléguer un pouvoir réglementaire aux ministres pour la mise en application d'une loi. Il est en outre admis que le ministre dispose d'un pouvoir réglementaire pour organiser ses propres services.
- Certaines autorités administratives indépendantes, comme la CNIL (Commission nationale de l'informatique et des libertés) ou le CSA (Conseil supérieur de l'audiovisuel), détiennent également un pouvoir réglementaire afin de pouvoir mener à bien leurs missions.
- Les préfets disposent d'un pouvoir réglementaire pour l'exercice de la police administrative générale et pour celui de polices administratives spéciales (chasse, pêche, etc.).
- Enfin, l'article 72, alinéa 3 de la Constitution, issu de la révision constitutionnelle du 28 mars 2003, attribue aux collectivités territoriales un « pouvoir réglementaire pour l'exercice de leurs compétences ».

2 Pouvoir réglementaire et collectivités territoriales

A| Pouvoir réglementaire

- La loi confère aux collectivités territoriales le pouvoir de fixer les règles dans certaines matières. Pour mettre en œuvre leurs compétences, celles-ci disposent d'une « habilitation » leur permettant de promulguer des normes règlementaire dans le domaine de :

– la prévention de l'ordre public, donnant des pouvoirs de police administrative générale au maire ;
– la création et la gestion de services publics locaux, pour les assemblées délibérantes ;
– la fixation, dans certaines limites, des taux des impôts directs locaux ;
– les décisions budgétaires et le vote du budget primitif, pouvant être vus comme l'expression du pouvoir réglementaire local ;
– l'adaptation de documents d'urbanisme, comme les PLU (plans locaux d'urbanisme).

■ Dans tous ces cas, le pouvoir réglementaire local est exercé sur habilitation du législateur qui en fixe les conditions. Depuis la réforme constitutionnelle de 2003, l'article 72 alinéa 3 de la Constitution prévoit que : « dans les conditions prévues par la loi, ces collectivités s'administrent librement par des conseils élus et disposent d'un pouvoir réglementaire pour l'exercice de leurs compétences ».

■ Toutefois, si le pouvoir réglementaire local existe, il n'est ni initial, ni autonome et n'est donc que résiduel et subsidiaire par rapport à celui du Premier ministre. Ainsi, il :
– est soumis au règlement national du Premier ministre et du président de la République (art. 21 et 13) ;
– s'exerce « dans les conditions prévues par la loi » (principe de légalité) ;
– se justifie pour « l'exercice de leurs compétences » (art. 72 al. 3).

■ Par ailleurs, ce pouvoir réglementaire local peut être étendu par le biais de l'expérimentation (art. 72 al. 4 et 37-1).

B| Extension du pouvoir règlementaire des collectivités territoriales

Le pouvoir règlementaire des collectivités territoriales n'a cessé de croître, à la fois par l'extension du domaine des compétences et par le recours à l'expérimentation.

1. L'extension au travers des domaines de compétences

Certaines collectivités territoriales exercent un pouvoir réglementaire d'adaptation des lois et des règlements sous certaines conditions (si prévu par la loi ou la Constitution). Ainsi, afin de tenir compte de particularités géographiques et culturelles, la loi accorde à certaines collectivités une autonomie plus large.

- **Exemple**

La loi prévoit que l'assemblée de Corse puisse demander à être habilitée par le législateur à fixer des règles adaptées aux spécificités de l'île, pour la mise en œuvre des compétences qui lui sont dévolues par la loi, dans le respect du pouvoir réglementaire du Premier ministre, sauf lorsqu'est en cause l'exercice d'une liberté individuelle ou d'un droit fondamental.

28

Fiche

2. L'extension au travers des mécanismes de l'expérimentation

■ Conformément à l'article 37-1 de la Constitution, « les collectivités territoriales ou leurs groupements peuvent, lorsque la loi ou le règlement l'a prévu, déroger, à titre expérimental pour un objet et une durée limitée, aux dispositions législatives ou réglementaires qui régissent l'exercice d'une compétence » :

– il revient, dans un tel cas, à la collectivité territoriale, dans l'exercice d'une compétence qui lui est déjà acquise, de déroger à la loi ou au règlement et d'élaborer la norme en lieu et place des autorités normalement compétentes ;

– il revient au législateur ou au pouvoir réglementaire, pour ce qui le concerne, d'autoriser cette dérogation.

■ L'objectif est de transférer à certaines collectivités désignées par la loi ou le décret les compétences exercées auparavant par l'État.

■ L'expérimentation est valable pendant une durée limitée et sur un objet précis (la régionalisation ferroviaire ou la gestion des fonds structurels de l'Union européenne par les régions par exemple). Pendant cette expérimentation, la collectivité exerce un pouvoir réglementaire, en application de l'article 72 alinéa 2 de la Constitution ; néanmoins, les mesures réglementaires prises par la collectivité ne peuvent déroger aux lois et aux règlements.

■ La Constitution (article 72-4) prévoit également un pouvoir réglementaire local d'expérimentation dérogatoire, les collectivités se voyant reconnaître un pouvoir réglementaire local pouvant déroger aux lois et aux règlements. La loi organique du 1er août 2003 relative à l'expérimentation des collectivités territoriales prévoit le régime juridique de l'expérimentation. Cette dernière est exclue lorsque sont en cause les conditions essentielles d'exercice d'une liberté publique ou d'un droit constitutionnellement garanti. Dans ce cas, ce sont les collectivités qui demandent l'expérimentation. Lorsqu'elle est accordée, elles expérimentent une nouvelle législation ou réglementation, l'État pouvant généraliser ensuite au plan national en fonction des résultats obtenus (le revenu de solidarité active (RSA) par exemple).

Les actes administratifs des collectivités territoriales

Avec le mouvement de décentralisation, l'État a progressivement transféré des compétences, des moyens et des agents aux collectivités territoriales, personnes morales qui « s'administrent librement par des conseils élus » par les citoyens « dans les conditions prévues par la loi » et « disposent d'un pouvoir réglementaire pour l'exercice de leurs compétences ».

1 Principes généraux

■ Un acte administratif est un **acte juridique** qui émane d'une **autorité administrative** et a pour finalité l'**intérêt général**. Il doit être **conforme à un ensemble de règles de droit** qui constituent la légalité administrative (voir Fiche 16 - Hiérarchie juridique et actes administratifs).

■ Les délibérations, les arrêtés, les contrats, les marchés publics... sont des actes administratifs. Ils :
- créent des droits ou imposent des obligations ;
- s'intègrent à la hiérarchie des normes (voir fiche 15) ;
- doivent respecter les règles qui leur sont supérieures.

• **Exemple**

Un maire ne peut pas prendre un arrêté dont le contenu serait contraire à une loi ou à un décret.

■ Si la Constitution a prévu la libre administration des collectivités territoriales (art. 72), les actes qu'elles prennent doivent respecter cette hiérarchie. Pour ce faire, un contrôle est effectué par l'État : le contrôle sur la légalité des actes.

2 Les actes administratifs des collectivités territoriales

■ Un acte administratif peut être :
- **individuel** si les destinataires sont identifiables (attribution d'un permis de construire, d'un arrêté de nomination) ;
- **réglementaire** s'il est de portée générale et impersonnelle ou concerne une catégorie de personnes définie de façon globale (les jeunes de moins de 25 ans, les femmes ayant eu au moins 3 enfants).

■ Ces actes administratifs sont classés en deux grandes familles : les actes unilatéraux et les actes contractuels.

A| L'acte administratif unilatéral (AAU)

■ Le pouvoir de prendre des décisions est une prérogative essentielle des pouvoirs publics. Elles s'imposent par la seule volonté de leur auteur et donc indépendamment du consentement de ceux qu'elles concernent.

■ L'acte administratif unilatéral (AAU) constitue une décision lorsque l'auteur pose une norme, individuelle ou collective, ayant pour but de modifier ou de maintenir en état l'ordonnancement juridique. Il existe trois types d'actes : les actes réglementaires, les décisions individuelles, les actes particuliers.

■ Tous les actes sont susceptibles d'un recours pour excès de pouvoir, à l'exception des mesures d'ordre intérieur, des circulaires et des directives.

Auteur de l'acte	L'auteur de l'acte est en principe : • une autorité publique : – **au niveau national** : le chef de l'État, le Premier Ministre, les autorités administratives indépendantes, le préfet de région, le préfet de département et certains organismes de droit public ou privé ; – **au niveau local** : le maire, le président du Conseil départemental, le président du Conseil régional, le président des EPCI. • une personne privée ; • une personne investie du pouvoir réglementaire.
Critères de l'acte	L'acte administratif est composé de deux critères déterminants pour le juge administratif en cas de litige : le critère organique et le critère matériel.
Forme de l'acte	• Il n'existe aucune forme déterminée de l'acte mais il doit revêtir un caractère d'ordre public. Néanmoins, il y a obligation de motiver son acte, sauf : – lorsque la loi prévoit le secret ; – lorsque l'acte a été pris en urgence ; – lorsque l'acte a été pris en cas de décision implicite. • L'acte doit obligatoirement comporter des visas.
Décision de l'acte	Elle doit être expresse, explicite, tacite, implicite.
Exécution de l'acte	• L'acte est revêtu de la chose décidée. • Il s'applique dès son édiction (le privilège du préalable). • Il n'est pas rétroactif sauf cas contraire prévu dans la loi ou la jurisprudence. • Pour être opposable aux tiers, il est soumis à publicité : – Acte collectif = Objet d'une publication ; – Acte individuel = Objet d'une notification. • La fin d'un acte se déroule en trois étapes : l'abrogation, le retrait, la caducité.

B| Les contrats administratifs

■ Les contrats administratifs sont une catégorie de contrats conclus par l'administration, qui peut également signer des contrats de droit privé.

■ Les contrats – administratifs ou privés – constituent, avec les actes administratifs unilatéraux, le second moyen d'action de l'administration dans ses relations avec les administrés. Contrairement à l'acte unilatéral, **le contrat suppose un accord entre différentes parties contractantes.**

■ Un contrat est dit administratif dans plusieurs cas : si la loi le qualifie comme tel ou si un texte déclare le juge administratif compétent pour régler les conflits sur le contrat de l'administration dont il traite.

■ Il existe plusieurs types de contrats administratifs dont les principaux sont : les marchés publics, les délégations de service public, les contrats de partenariat public-privé.

■ Pour être exécutoires, c'est-à-dire appliqués, les actes administratifs sont soumis à **deux obligations cumulatives** :

– d'une part, les **actes collectifs doivent être publiés** afin d'être portés à la connaissance de la population tandis que les **actes individuels sont notifiés aux intéressés (exemple** : un agent reçoit personnellement son arrêté de nomination) ;

– d'autre part, **les actes doivent être transmis au préfet** qui, au nom de l'État, effectuera un contrôle sur la légalité du contenu.

■ Les actes administratifs les plus importants sont publiés dans un « recueil des actes administratifs » de la collectivité territoriale.

3 Le contrôle des actes

Une collectivité, un établissement public, s'administrent librement **mais dans le cadre des lois** qui sont le fondement de l'organisation d'un État de droit unitaire.

A| Le rôle du préfet

■ Le contrôle sur les actes, **opéré par le préfet**, a été aménagé en 1982. Jusqu'aux lois de décentralisation de 1982, le contrôle par le préfet :

– s'effectuait **avant** l'entrée en vigueur de l'acte (contrôle *a priori*) ;

– et portait autant sur sa **légalité** (cet acte est-il conforme à la loi ?) que sur son **opportunité** (cet acte était-il pertinent et nécessaire ?) ;

■ Depuis les lois de décentralisation de 1982, le contrôle par le préfet :

– s'exerce une fois que l'acte est applicable , donc après (contrôle *a posteriori*) ;

– et, surtout, **ne porte que sur la légalité** de celui-ci.

■ Enfin, dans le cadre de l'Acte II de la décentralisation, ce contrôle de légalité a été modernisé : la liste des actes automatiquement transmis a été réduite, et leur transmission par voie électronique est favorisée.

	Contrôle par le préfet	Sur la légalité	Sur l'opportunité
Avant 1982	**Avant** l'entrée en vigueur de l'acte = **Contrôle *a priori*** = **TUTELLE** de l'État	Oui	Oui
Après 1982	**Après** que l'acte est applicable = **Contrôle *a posteriori*** = **LIBRE ADMINISTRATION** des collectivités	Oui	Non

B| Un contrôle en deux temps

1. Une phase administrative exercée par le préfet

■ Les actes les plus importants des collectivités (notamment les délibérations des assemblées) sont obligatoirement transmis au préfet, qui peut par ailleurs demander communication des actes non transmis. En outre, il peut être saisi par tout justiciable qui aurait un intérêt à agir contre un acte qu'il estimerait illégal ; il s'agit alors d'un « déféré provoqué ».

■ Si le préfet estime l'acte illégal, il peut, par une procédure de conciliation, inciter la collectivité à mettre un terme à l'illégalité ; si la collectivité persiste, il peut ensuite, dans un délai de deux mois après l'entrée en vigueur de l'acte, saisir le juge administratif.

2. Une phase contentieuse du contrôle faisant intervenir le juge administratif

■ Si le juge administratif est saisi, il se prononce sur la légalité de l'acte, en le confirmant ou en l'annulant. Dans ce dernier cas, la délibération prise est supprimée, et la collectivité doit réparer les actions commises à cette occasion.

■ Le juge administratif peut également être saisi directement par un justiciable ; cela s'appelle alors un « recours pour excès de pouvoir » (REP).

Le processus décisionnel et la mise en œuvre de la décision

1. LE RECENSEMENT DE LA DEMANDE
Les citoyens, associations, services, conseillers municipaux/départementaux/régionaux expriment une demande.
2. LA PÉRIODE DE CONCERTATION
L'exécutif prend en compte la demande. Une commission spécialisée (élus + d'éventuelles personnalités qualifiées) prépare le dossier. Lorsque l'exécutif estime que le dossier est complet, il l'inscrit à l'ordre du jour de la prochaine séance du Conseil municipal
3. L'ADOPTION DU PROJET
Discussion, amendement et enfin vote au conseil municipal. La décision est adoptée si une majorité des conseillers municipaux émettent un vote favorable.
4. LA MIS EN APPLICATION
L'objet de la décision est inscrit sur une délibération qui est publiée et transmise à la préfecture pour y subir le contrôle de légalité. Dès que ces deux conditions sont réunies, la décision est exécutoire de plein droit, mais demande souvent des actes d'application (arrêtés...).
5. LE CONTRÔLE DE LÉGALITÉ
Le préfet a alors deux mois pour examiner la légalité de la décision. En cas de non-régularité juridique, le tribunal administratif, saisi par le préfet ou un administré, peut annuler la délibération.

30

Fiche

Comprendre le fonctionnement des CT

Le service public

L'expression « service public » désigne à la fois une activité et un organe. D'un point de vue fonctionnel, le service public est la production et la gestion de services d'intérêt général. Sur le plan organique, le service public rassemble l'ensemble des organismes publics, et aussi privés, chargés d'exécuter et de gérer des missions de service public.[1]

1 La notion de service public

■ Un service public est une **activité exercée directement par l'autorité publique** (État, collectivité territoriale) **ou sous son contrôle**, dans le but de satisfaire un besoin d'**intérêt général.**

- **Exemple**

Créer une cantine, un conservatoire de musique ; organiser l'enlèvement des ordures ; assurer la distribution de l'eau ... sont des missions de service public).

■ Le service public est aussi l'**organe qui a en charge la réalisation de ce service.** Cet organe peut être une administration, une collectivité territoriale, un établissement public ou une entreprise du droit privé qui s'est vu confier une mission de service public.

■ Le service public a des missions très variées à remplir :

– certaines de ces missions sont **obligatoires** car liées à des compétences obligatoires de la collectivité (l'état civil, le ramassage des ordures ménagères, la lutte contre les incendies, la formation professionnelle des jeunes...) ;

– d'autres sont **facultatives**, notamment dans les domaines des compétences non obligatoires : culturel, sportif ou des loisirs (stades de sport, musées...).

■ Dans chaque collectivité, c'est l'**organe délibérant** (conseil municipal, départemental ou régional) qui décide :

– de la création et de la suppression d'un service public ;

– de l'élaboration des politiques publiques locales (politique de l'enfance, des transports, du handicap...) ;

– des modalités de gestion du service public.

2 Les principes du service public

■ Les services publics répondant à des nécessités d'intérêt général, ils doivent respecter **trois principes fondamentaux** :

– **le principe de continuité**. Il repose sur la nécessité de répondre aux besoins d'intérêt général sans interruption. Toutefois, ce principe de conti-

1. Source : fiche 48 La notion de service public in *Fonction publique Mode d'emploi*, 2018

nuité doit s'accommoder du principe du droit de grève. La plupart des agents des services publics disposent de ce droit, à l'exception de certaines catégories pour lesquelles la grève est interdite (policiers, militaires...) ou limitée par un service minimum (navigation aérienne, transports ferroviaires, télévision et radio...) ;

– **le principe d'égalité**. Toutes les personnes se trouvant dans **une situation identique** doivent bénéficier du **même traitement ou de la même prestation** (pas de discriminations entre les usagers). Mais égalité des droits ne veut pas dire uniformité du traitement ou de la prestation. Ainsi, le principe d'égalité n'interdit pas les différences de traitement. Toutefois, elles doivent être justifiées soit par une nécessité d'intérêt général, soit par une différence de situation à l'encontre du service public ;[2]

- **Exemple**

Une tarification différence pour l'accès à un service publique en fonction de la situation économique – étudiants, chômeurs ; de l'âge – mois de six ans, moins de quinze ans.

– **le principe de mutabilité (dit aussi d'adaptabilité)**. Le service public doit être capable de s'adapter aux évolutions des besoins des administrés et aux changements des techniques. Le principe de mutabilité comporte des conséquences pour les usagers. Ceux-ci n'ont aucun droit acquis au maintien des conditions de fonctionnement.

- **Exemple**

Les usagers ne peuvent pas s'opposer aux restructurations comme les suppressions de bureaux de poste ou d'écoles en milieu rural, ni aux fermetures de gares sur les lignes à faible trafic.[3]

3 Les modes de gestion du service public

■ Découlant du principe de libre administration des collectivités locales, celles-ci disposent de différentes solutions pour gérer leurs services publics et de la liberté du mode de gestion pour les exploiter.

■ Il existe différents modes de gestion des missions des services publics. Pour les activités qui relèvent de sa compétence, la collectivité est (sauf cas précisés par un texte) libre de choisir son mode de gestion. Deux choix sont possibles : la **régie directe** et la **délégation de service public**.

A| La régie directe

La gestion directe signifie que la collectivité exerce elle-même le service, avec ses moyens propres ; c'est-à-dire qu'elle se charge directement de l'organisation et du fonctionnement quotidien d'un service public, avec ses propres moyens techniques, humains, financiers, etc. La régie est le procédé de gestion classique de la plupart des services publics proprement administratifs.

2. Reprise de la fiche 51 Les principes du service public in *Fonction publique Mode d'emploi*
3. Idem

B| La délégation de service public (DSP)

■ La collectivité, après avoir créé un service public, décide d'en confier la gestion à une personne publique ou privée. Néanmoins, la collectivité conserve le pouvoir de contrôler la conformité des actions du gestionnaire avec les exigences de l'intérêt général.

■ Une des formes les plus courantes de la gestion indirecte est dénommée **délégation de service public (DSP)**.

■ Ce mode de gestion permet à la collectivité de confier à une entreprise privée ou une personne publique l'exécution du service public tout en conservant la maîtrise de celui-ci. L'entreprise est alors chargée de l'exécution du service. Elle l'assure avec son propre personnel selon les méthodes de la gestion privée et à ses risques et périls. La commune lui octroie en contrepartie un monopole d'exploitation du service. Le risque financier lié à l'exploitation du service pèse, non pas sur la collectivité, mais sur l'entreprise, qui se rémunère, en tout ou partie, par le prix payé par les usagers du service. Cette particularité trouve d'ailleurs sa contrepartie dans la liberté offerte à la collectivité de faire appel à l'entreprise de son choix, dans le cadre d'une procédure assurant la transparence du choix.

■ La collectivité garde, néanmoins, la maîtrise du service dans la mesure où l'entreprise est tenue de rendre compte de sa gestion sur les plans technique et financier. En outre, la collectivité dispose des moyens juridiques nécessaires pour assurer, quoi qu'il arrive, le fonctionnement du service ou pour modifier son organisation (pouvoir d'infliger des sanctions à l'entreprise, de modifier unilatéralement le contrat ou même de le résilier pour des motifs tenant à l'organisation du service ou tirés de l'intérêt général) (https://www.collectivites-locales.gouv.fr/autres-modes-gestion-des-services-publics-locaux).

- **Exemple**

• La restauration scolaire peut être gérée soit directement en régie simple, soit indirectement par délégation à des sociétés privées.

• Les services publics tels que l'enlèvement des ordures, les pompes funèbres, les transports, l'eau sont souvent délégués.

À savoir

Certains services, comme l'état civil, ne peuvent pas être délégués.

Comprendre les finances publiques locales
Présentation générale

Fiche 31

L'article 72-2 de la Constitution stipule : « Les collectivités territoriales bénéficient de ressources dont elles peuvent disposer librement dans les conditions fixées par la loi ; [...] peuvent recevoir tout ou partie du produit des impositions de toutes natures ; [...] en fixer l'assiette et le taux dans les limites [que la loi] détermine. [...] ».

1 L'autonomie financière des collectivités territoriales

■ L'autonomie financière des collectivités territoriales a été consacrée par la loi organique du 29 juillet 2004, qui énonce les **catégories** de collectivités territoriales concernées, précise leurs **ressources propres** et le **taux** de garantie desdites ressources.

■ Constituent des ressources propres :
– le produit des impositions de toutes natures dont la loi les autorise à fixer l'assiette, le taux ou le tarif ou dont elle détermine, par collectivité, le taux ou une part locale d'assiette ;
– les redevances pour service rendu ;
– les produits du domaine, participations d'urbanisme, produits financiers, dons et legs.

■ Ne sont pas des ressources propres :
– les emprunts ;
– les subventions et dotations de l'État.

■ Cette loi a aussi fixé un **ratio** annuel d'autonomie financière égal au rapport $\frac{\text{ressources propres}}{\text{autres ressources}}$. Le ratio de référence étant celui constaté au titre de l'année 2003, cela implique que la valeur du ratio de l'année ne peut être inférieur à la valeur du ratio constatée au titre de l'année 2003.

■ En 2018, la loi du 22 janvier de programmation des finances publiques 2018-2022, qui vise à réduire la dépense publique locale de 13 milliards d'euros, a lancé un **mécanisme de contractualisation entre l'État et les 322 plus grandes collectivités**. En contrepartie de l'engagement de l'État de ne plus baisser brutalement leurs dotations, ces collectivités s'engagent à contenir la hausse de leurs dépenses de fonctionnement : pas plus de 1,2 % en moyenne.

■ Au 30 juin 2018, date limite de signature du contrat, 71 % de ces collectivités, soit 230 maires et présidents d'exécutifs, avaient signé ce contrat qui se veut une alternative à la baisse des dotations.

2 Le budget

A| Un acte politique

Le budget exprime une multitude d'arbitrages, qui ne sont pas sans importance pour les administrés, entre :
- le contribuable (par les impôts) et l'usager (par la tarification des services publics) ;
- le contribuable d'aujourd'hui (par les impôts d'aujourd'hui) et le contribuable de demain (par la dette actuelle qui se traduit par des annuités les années suivantes) ;
- la gestion directe (régie) et la gestion déléguée (délégation de service public) ;
- les arbitrages au sein des dépenses qui sont plus nombreux qu'au sein des recettes.

B| Un acte d'autorisation

Les recettes sont majoritairement issues de la perception fiscale. Les collectivités et EPCI doivent donc être autorisés à lever l'impôt. Quant aux dépenses, elles sont soumises à l'autorisation des élus *via* leur vote du budget. De plus, pour être réalisées, elles dépendent de décisions administratives – délibération, autorisation de programme…

C| Un acte de prévision

Un budget est voté pour **l'année à venir** ; il ne repose donc que sur des estimations. Aussi est-il primordial que celles-ci demeurent au plus près de la réalité (sincérité).

D| Un acte administratif

Un budget obéit à des règles administratives (publication et transmission en préfecture), comme n'importe quelle autre acte ou décision du conseil. Par ailleurs, le budget de toutes les collectivités territoriales et des EPCI est contrôlé par la **Chambre régionale des comptes**, mise en place lors des lois de décentralisation.

Les grands principes budgétaires

Lors de l'élaboration et du vote de leur budget, toutes les collectivités territoriales doivent respecter un certain nombre de principes budgétaires qui s'imposent à elles. Néanmoins, appliqués strictement, ils rendraient l'action budgétaire trop rigide et peu adaptée aux exigences d'une gestion efficace des deniers publics ; c'est pourquoi certains connaissent quelques exceptions.

1 Le cadre

■ Les règles qui régissent les budgets locaux se doivent de respecter le principe constitutionnel de libre administration des collectivités locales qui implique, en matière budgétaire, l'autonomie financière de ces dernières et qui se traduit par l'existence d'un budget autonome.

■ Trois grandes règles en découlent :

– les collectivités ont le libre choix de la dépense, à l'exception des dépenses obligatoires ;

– elles doivent disposer de ressources propres suffisantes ;

– les contrôles exercés par l'État et les différentes juridictions doivent être respectueux du principe de libre administration, ce qui implique que le contrôle est un simple contrôle de légalité et qu'il intervient *a posteriori*.

■ Ces différents principes budgétaires applicables aux collectivités territoriales sont destinés à permettre aux assemblées délibérantes d'exercer un contrôle étroit et constant des finances locales, tout en subissant des aménagements : c'est le cas pour les principes d'annualité, d'unité, d'universalité et de spécialité. Ils peuvent, par ailleurs, pour certains d'entre eux, apparaître plus contraignants : il en va ainsi des principes d'équilibre et de sincérité budgétaires.

2 Les grands principes budgétaires

Collectivités territoriales et EPCI sont tenus de respecter six principes budgétaires qui s'imposent à elles : annualité, universalité, unité, spécialité, équilibre, sincérité.

<table>
<tr><th>Principes</th><th>Exceptions</th></tr>
<tr><th colspan="2">Équilibre réel et sincérité</th></tr>
<tr><td>• Dépenses égales aux recettes pour les deux sections (investissement et fonctionnement)
• Évaluation sincère des dépenses et des recettes
• Dépenses obligatoires correctement évaluées et figurant au budget
• Autofinancement du capital de l'annuité de la dette et des dépenses imprévues</td><td>Possibilité d'adopter dans certains cas un budget excédentaire</td></tr>
<tr><td colspan="2">Exhaustivité, cohérence et exactitude des informations financières fournies</td></tr>
<tr><th colspan="2">Annualité</th></tr>
<tr><td>• Budget voté chaque année civile pour une durée d'un an
• Annulation des crédits non utilisés (obligation d'une nouvelle autorisation pour l'année suivante)</td><td>• Journée complémentaire en fonctionnement
• Autorisations de programmes de financement d'investissements
• Reports de crédits en investissement
• Décisions modificatives</td></tr>
<tr><th colspan="2">Antériorité</th></tr>
<tr><td colspan="2">Obligations préalables. Avant le vote du budget, toutes les communes de plus de 3 500 habitants doivent respecter deux obligations : le rapport d'orientation budgétaire (ROB) et le débat d'orientation budgétaire (DOB) préalables au vote. C'est également vrai pour toutes les structures intercommunales comprenant au moins une commune supérieure à 3 500 habitants.</td></tr>
<tr><td>Adoption du budget avant le 1er janvier</td><td>• Adoption possible jusqu'au 15 avril
• Adoption possible jusqu'au 30 avril l'année de renouvellement des assemblées locales</td></tr>
<tr><th colspan="2">Spécialité</th></tr>
<tr><td>• Autorisation budgétaire spécialisée par chapitre
• Simple évaluation des recettes</td><td>Crédits pour dépenses imprévues</td></tr>
<tr><th colspan="2">Unité</th></tr>
<tr><td>Un seul et unique document comportant toutes les opérations de dépenses et de recettes et la totalité des charges et des produits</td><td>• Budgets annexes
• Budgets autonomes
• Décisions modificatives</td></tr>
<tr><th colspan="2">Universalité</th></tr>
<tr><td>• Intégralité des dépenses et des recettes sans compensation entre elles
• Principe de non-contraction des dépenses et des recettes
• Principe de non-affectation des recettes aux dépenses</td><td>• Budgets annexes
• Subventions affectées, emprunts, dons et legs</td></tr>
</table>

3 Les règles budgétaires

A| La règle de prudence

■ Cette règle permet, sans pour autant déroger à l'obligation de sincérité du budget :
– d'augmenter les dépenses dans une limite raisonnable au-delà du montant prévisible ;
– de légèrement sous-estimer les recettes ou de les limiter aux montants certains.

■ L'important est dans la notion de raisonnable et de légèrement.

■ La règle de prudence comprend :
– l'amortissement, une technique comptable qui permet, chaque année, de constater la dépréciation d'un bien et de dégager des ressources destinées à le renouveler ;
– l'obligation d'amortir concerne toutes les collectivités pour les subventions d'équipement versées ; les communes > à 3 500 habitants, les départements et les régions, pour les autres biens ;
– la provision : l'assemblée délibérante **peut** constituer une provision dès qu'il y a un risque encouru par la collectivité.

■ En revanche, l'assemblée délibérante **doit** la constituer notamment :
– dès l'ouverture d'un contentieux en première instance contre la collectivité ;
– lorsqu'une créance devient irrécouvrable.

■ En dehors de ces cas, une provision peut être constituée dès l'apparition d'un risque aggravé. Ces provisions doivent faire l'objet chaque année d'un ajustement en fonction de l'évolution du risque.

B| La règle de la transparence

Cette règle vise à accroître la clarté du budget et l'information de l'assemblée délibérante, mais aussi du public, sur les politiques financières suivies et comprend :
– le rattachement à l'exercice ;
– les engagements, pour les collectivités > à 3 500 habitants ;
– les annexes budgétaires ;
– l'obligation d'information.

À savoir

***L'équilibre réel** du budget est une obligation juridique pour une collectivité territoriale qui ne peut, en aucun cas, présenter un budget en déficit ; contrairement à l'État qui, lui, n'est pas assujetti à ce principe.*

33

Fiche

Comprendre les finances publiques locales
Structure et élaboration du budget

Acte prévisionnel, le budget est préparé par l'exécutif local puis voté par l'assemblée délibérante de la collectivité. Il autorise l'exécutif à réaliser les dépenses et à lever les recettes fiscales qui y sont inscrites. Néanmoins, il peut être modifié ou complété en cours d'exécution par l'assemblée délibérante. Il est soumis au contrôle de légalité applicable à toutes les délibérations d'une collectivité ainsi qu'à un contrôle budgétaire spécifique.

1 Définition du budget

Le budget est :
– l'acte par lequel sont prévues et autorisées toutes les recettes et toutes les dépenses de la collectivité pour une année civile (1er janvier-31 décembre) ;
– **préparé** par chaque **organe exécutif** (maire, président du Conseil départemental, président du Conseil régional) en collaboration avec les services de la collectivité ;
– **voté** en équilibre réel par chaque **assemblée délibérante** (conseil municipal, départemental ou régional) avant le 15 avril de chaque année ;
– **exécuté** par le maire, le président du Conseil départemental ou régional, une fois approuvé par l'assemblée délibérante ;
– devient exécutoire lorsqu'il a été :
  – voté,
  – transmis en préfecture ou sous-préfecture,
  – affiché obligatoirement à l'extérieur (et non à l'intérieur) pour être accessible 24/24 heures et 7/7 jours aux lieux habituels : la mairie, pour une commune ; l'hôtel du département pour le Conseil Départemental ; l'hôtel de région pour le Conseil régional.

À savoir
Toute personne physique ou morale a le droit de demander communication du budget sur place et d'en prendre copie totale ou partielle, à ses frais, auprès du Maire ou des services déconcentrés de l'État.

2 La structure du budget

Le budget comprend deux sections : fonctionnement et investissement.

■ **La section de fonctionnement** regroupe l'ensemble des dépenses courantes et ordinaires annuelles qui doivent être couvertes par des recettes régulières, permanentes et annuelles.

Section de fonctionnement	
Dépenses	**Recettes**
Salaire des personnels	Fiscalité locale
Consommation	Location de bâtiments
Intérêts des emprunts	Produits des services
Entretien du patrimoine	Subvention ou dotation
....	....

■ **La section d'investissement** regroupe les opérations exceptionnelles qui contribuent à accroître ou à diminuer la valeur du patrimoine de la collectivité (soit toutes les opérations relatives à des modifications de la valeur des biens immobilisés et des créances et dettes à long et moyen terme).

Section d'investissement	
Dépenses	**Recettes**
Gros travaux de voirie, achat d'un terrain	Réalisation d'un emprunt
Parc informatique, de voitures	Récupération de la TVA, taxes d'urbanisme
Remboursement du capital des emprunts	Subvention de l'État
....	....

■ En résumé :

Section de fonctionnement	Consommation
	Charges obligatoires
	Charges facultatives
	Charges récurrentes
Section d'investissement	Modifie le patrimoine
	Ressources définitives
	Dépenses exceptionnelles ou à caractère patrimonial

■ La présentation du budget est normalisée avec :
- les recettes dans la colonne de droite ;
- les dépenses dans la colonne de gauche ;
- le fonctionnement dans la partie haute ;
- l'investissement dans la partie basse.

Les recettes de fonctionnement sont donc dans la colonne de droite dans la partie haute.

	Dépenses	Recettes
Fonctionnement	❷	❶
Investissement	❹	❸

3 L'élaboration du budget

■ C'est la **compétence exclusive de l'exécutif**. Il a la charge de :
- préparer le budget ;
- le présenter à l'assemblée délibérante avant le 15 avril ;
- l'adresser en préfecture une fois voté dans le délai de 15 jours.

■ L'exécutif peut préparer le budget seul ou faire appel à la commission des finances, à la municipalité pour une commune, à la commission permanente pour le département, aux services de la collectivité, au comptable public, à un cabinet privé… Le comptable public pourra être associé à la préparation du budget, ou simplement consulté. Cependant, la préparation et la maîtrise du budget doivent rester impérativement au sein de la collectivité.

■ L'exécutif a cependant des obligations :
- présenter le rapport d'orientations budgétaires (ROB) dans les deux mois qui précèdent le vote du budget ;
- faire voter le débat d'orientations budgétaires (DOB) préalable dans les deux mois qui précèdent le vote du budget (si collectivité > 3 500 habitants ;
- présenter des prévisions sincères et véritables pour un budget le plus juste possible ;
- inscrire les autorisations d'engagement et les autorisations de programme déjà votées ;
- présenter le budget en double équilibre en fonctionnement et en investissement ou en suréquilibre pour les recettes de fonctionnement ;
- inscrire les dépenses obligatoires ;

■ Pour élaborer le budget, il faut :

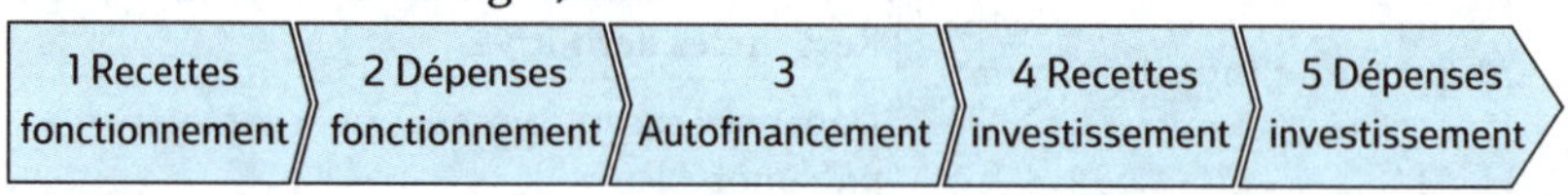

1. Commencer par déterminer les recettes de fonctionnement.
2. Inscrire les dépenses de fonctionnement.
3. Calculer l'autofinancement brut.
4. Déterminer les autres recettes d'investissement.
5. Inscrire les dépenses d'investissement souhaitées et surtout possibles.

Le respect de cet ordre et de ces étapes est primordial pour une gestion saine.

■ Par ailleurs, afin d'améliorer la lisibilité des comptes, la **gestion pluriannuelle** constitue un bon moyen car elle permet de réduire le montant des restes à réaliser. Les écritures budgétaires sont alors plus transparentes par rapport à la structure du financement.

■ En effet, bien que l'autorisation budgétaire soit votée pour une année civile, les dépenses s'échelonnent souvent sur plusieurs exercices ; c'est pourquoi la pluriannualité est autorisée dans un certain cadre, notamment dans :

– un **programme pluri-annuel d'investissement (PPI)** en planifiant les investissements prévus sur la durée du mandat. Un PPI, jamais définitif, doit être réactualisé chaque année. Il offre une vision prospective et synthétique aux élus ;

– un **plan pluri-annuel de fonctionnement (PPF)** avec les actions envisagées (politique fiscale, création d'un nouveau service, politique du personnel...). Il est intéressant d'y faire la distinction entre les interventions décidées de la propre initiative des élus et les interventions contraintes en raison des compétences exercées. Ce document répond aussi à la logique de la planification des interventions sur le territoire.

34

Fiche

Comprendre les finances publiques locales

Les documents budgétaires

La loi NOTRe du 7 août 2015 a prévu de nouvelles obligations relatives à la présentation et à l'élaboration des budgets locaux.

1 Les règles

■ Pour les communes de plus de 3 500 habitants (article L. 2312-1 du Code général des collectivités territoriales – CGCT), les EPCI comprenant au moins une commune supérieure à 3 500 habitants[1] (article L. 5211-36 du CGCT), les départements (article L. 3312-1 du CGCT) et les régions (article L. 4311-1 du CGCT), le vote du budget doit être précédé, au sein du conseil, d'un **débat d'orientation budgétaire (DOB)** sur les orientations générales et les engagements pluriannuels.

■ Pour les communes, le délai préalable avant l'adoption du budget est de deux mois ; pour les régions, il est de dix semaines.

■ Le débat d'orientation budgétaire (DOB) constitue une étape essentielle de la procédure budgétaire. Il a pour but :

– d'informer le conseil municipal de la situation économique, juridique et financière de la collectivité ;
– d'éclairer les choix du conseil municipal lors du vote du budget au regard du contexte national et local ;
– d'appréhender les différentes contraintes et opportunités qui pourront s'appliquer dans la collectivité ;
– de prendre connaissance des projets envisagés par le maire et ses adjoints durant l'exercice à venir.

Il est pris acte de ce débat par une délibération spécifique.

■ Le débat d'orientation budgétaire doit s'appuyer sur un **rapport d'orientation budgétaire (ROB)**. Ce ROB est présenté par l'exécutif (maire, président) à l'assemblée délibérante et donne lieu à un débat dont il est pris acte par une délibération spécifique.

■ Le rapport doit obligatoirement présenter et détailler les thèmes suivants :

– les grandes orientations budgétaires ;
– les engagements pluriannuels envisagés ;

1. Peu importe la population de la structure intercommunale, c'est le fait d'avoir ou non une commune membre > à 3 500 habitants qui rend obligatoire le DOB. Exemple : Une communauté de communes de 10 communes de 3 000 habitants, soit une population totale de 30 000 habitants, n'est pas soumise à l'obligation du DOB car elle ne compte aucune commune > à 3 500 habitants. *A contrario*, une communauté de communes de 2 communes, l'une de 3 501 habitants et l'autre de 99 habitants, soit une population totale de 3 600 habitants, sera soumise à l'obligation du DOB puisque la communauté de communes comprend une commune > à 3 500 habitants.

– la structure et la gestion de la dette ;
– l'évolution prévisionnelle et l'exécution des dépenses de personnel, des rémunérations, des avantages en nature et du temps de travail.

2 Les documents budgétaires de prévision

Ils sont au nombre de trois :
– le budget primitif (BP) ;
– le budget supplémentaire (BS) ;
– les décisions modificatives (DM).

A| Le budget primitif – BP

■ Le budget primitif constitue le premier acte obligatoire du cycle budgétaire annuel de la collectivité.
■ Il doit être voté par l'assemblée délibérante avant le 15 avril de l'année à laquelle il se rapporte et transmis au représentant de l'État dans les 15 jours qui suivent son approbation.
■ Par cet acte, l'ordonnateur (exécutif) est autorisé à effectuer les opérations de recettes et de dépenses inscrites au budget, pour la période qui s'étend du 1er janvier au 31 décembre de l'année civile. Ce principe d'annualité budgétaire comporte quelques aménagements pour tenir compte d'opérations prévues et engagées mais non dénouées en fin d'année.
■ Le BP contient les prévisions de recettes et de dépenses pour l'année civile à laquelle il se rapporte. Composé du détail des prévisions, d'informations statistiques, d'états récapitulatifs (balances), il doit être équilibré en fonctionnement et en investissement.

B| Le budget supplémentaire – BS

■ Acte non obligatoire et unique par exercice budgétaire, il est à la fois :
– un budget de reports par l'intégration des résultats de l'exercice précédent dans le budget de l'année (résultats de l'exercice précédent, restes à réaliser, à mandater, à recouvrer) ;
– et un budget d'ajustement en modifiant ou complétant de manière plus ou moins importante le budget primitif (opérations nouvelles, rectifications de prévisions).
■ Voté avant le 31 décembre, le budget supplémentaire doit être équilibré en fonctionnement et en investissement (principe du double équilibre).

C| La décision modificative – DM

Une décision modificative, facultative, est une délibération de l'assemblée délibérante prévoyant et autorisant des dépenses non prévues, ou évaluées de façon insuffisante lors de l'adoption du budget, et précisant les moyens de financement. S'il s'agit d'une diminution de crédit, elle ne peut être supérieure au montant initialement prévu.

3 Les documents budgétaires de résultats

L'exécution annuelle du budget d'une collectivité donne lieu à la confection de deux documents, qui doivent être parfaitement concordants :
– le compte administratif, qui est le compte de résultat de l'ordonnateur (exécutif) ;
– le compte de gestion, qui est le compte de résultat du comptable public.

A| Le compte administratif – ordonnateur (exécutif)

■ L'ordonnateur (maire, président) rend compte annuellement des opérations budgétaires qu'il a exécutées.

■ À la clôture de l'exercice budgétaire, qui intervient au 31 janvier de l'année N+1, il établit le compte administratif du budget principal ainsi que les comptes administratifs correspondant aux différents budgets annexes.

■ Le compte administratif :
– rapproche les prévisions ou autorisations inscrites au budget (au niveau du chapitre ou de l'article selon les dispositions arrêtées lors du vote du budget primitif) des réalisations effectives en dépenses (mandats) et en recettes (titres) ;
– présente les résultats comptables de l'exercice ;
– est soumis par l'ordonnateur, pour approbation, à l'assemblée délibérante qui l'arrête définitivement par un vote avant le 30 juin de l'année qui suit la clôture de l'exercice.

B| Le compte de gestion – comptable public

■ Avant le 1er juin de l'année qui suit la clôture de l'exercice, le comptable public (trésorier) établit un compte de gestion par budget voté (budget principal et budgets annexes). Le compte de gestion retrace les opérations budgétaires en dépenses et en recettes, selon une présentation analogue à celle du compte administratif.

■ Il comporte :
– une balance générale de tous les comptes tenus par le comptable public (comptes budgétaires et comptes de tiers, notamment correspondant aux créanciers et débiteurs de la collectivité) ;
– le bilan comptable de la collectivité, qui décrit de façon synthétique l'actif et le passif de la collectivité ou de l'établissement local.

■ Le compte de gestion est également soumis au vote de l'assemblée délibérante qui peut constater ainsi la stricte concordance des deux documents (compte administratif et compte de gestion).

■ Ce premier examen est suivi d'un second contrôle, effectué par le **juge des comptes**. La reddition annuelle des comptes est une charge de fonction et une obligation d'ordre public.

■ Au vu des pièces justificatives, jointes en accompagnement du compte de gestion, le juge des Comptes est à même d'apprécier la qualité de gestion du comptable public de la collectivité et peut, si des négligences sont constatées, engager la responsabilité personnelle et pécuniaire de celui-ci.

Le calendrier budgétaire

Budget primitif	Budget supplémentaire	Compte administratif
Avant le 15 avril de chaque année	En cours d'année	Au plus tard le 30/06 de l'année suivante
Contient toutes les recettes et toutes les dépenses prévues et autorisées pour l'année	Permet les corrections budgétaires	Comporte toutes les recettes et toutes les dépenses effectivement réalisées

Le cycle budgétaire annuel

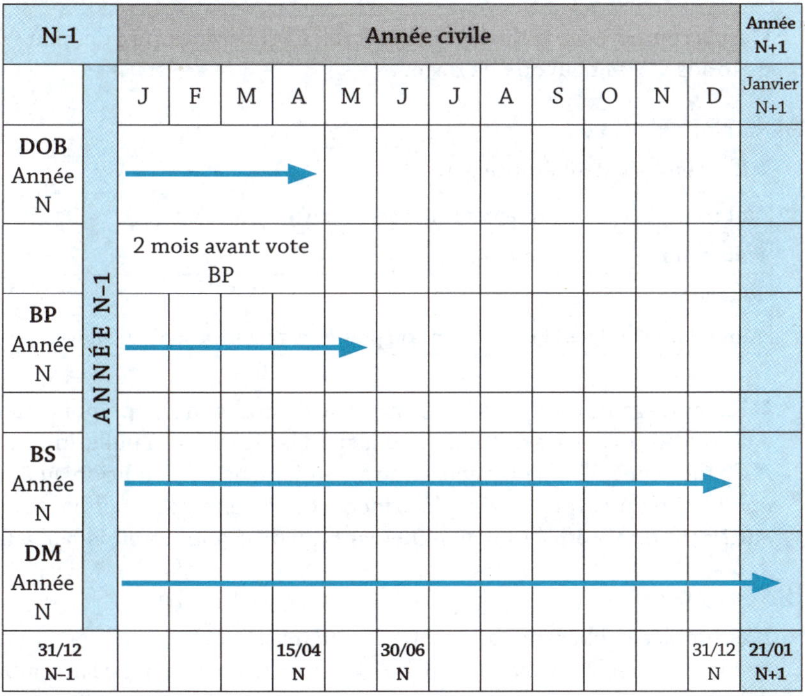

Comprendre les finances publiques locales

Vote, exécution et contrôle du budget

Il existe dans le droit des finances publiques un principe fondamental qui impose que celui qui ordonne les recettes ou les dépenses ne peut être celui qui effectue concrètement les opérations d'exécution du budget. Cette séparation a pour but d'éviter toute malversation, tout en mettant en place une série de contrôles.

1 Le vote du budget

C'est la compétence exclusive de l'assemblée délibérante qui a des pouvoirs de fonds et des pouvoirs de forme.

A| Pouvoirs de fonds

■ L'assemblée délibérante peut :

Voter	Accepter le budget tel qu'il est présenté.
S'abstenir	Voter blanc.
Refuser le budget.	Voter contre
Amender le budget	Proposer une ou plusieurs modifications au budget.

■ En cas d'égalité de voix, celle du maire ou du président est prépondérante à la condition que le scrutin ait lieu à main levée et non à bulletin secret.
■ Chaque conseiller peut déposer un amendement à la condition qu'il soit équilibré pour respecter ainsi le principe budgétaire de l'équilibre. L'exécutif peut donc refuser un amendement qui déséquilibrerait le budget.

B| Pouvoirs de forme

L'assemblée délibérante peut voter le budget par :
- chapitre (règle normale) ou par article (sur délibération de l'assemblée délibérante) ;
- article spécialisé ;
- nature et fonction (suivant la population de la collectivité).

Vote du Budget	Population de la commune
Obligatoirement par nature	< à 3 500 habitants
Obligatoirement par nature, mais la présentation par nature doit être complétée par une présentation fonctionnelle	> à 3 500 et < 10 000 habitants
Choix du vote par l'assemblée délibérante soit par nature, soit par fonction, mais en cas de vote par nature, obligation de faire une présentation croisée par fonction et vice-versa. Impossible ensuite de changer pendant la mandature	Supérieure à 10 000 habitants

Le budget est proposé par l'exécutif de la collectivité : conseil municipal, départemental, régional. Il est voté par l'assemblée délibérante, seule compétente pour se prononcer sur le budget.

2 L'exécution budgétaire

■ La comptabilité, contrairement aux actes budgétaires, repose sur une démarche *a posteriori* puisqu'il s'agit de retracer les mouvements financiers exécutés.

■ Tous les fonds doivent être obligatoirement déposés au Trésor public, les collectivités territoriales ayant interdiction d'ouvrir un compte bancaire. Tous les fonds de la collectivité (budget principal + budgets annexes) sont versés dans la même caisse en vertu du principe de l'**unité de caisse**. Les prêts et avances entre collectivités sont interdits. La trésorerie s'apprécie donc globalement et non budget par budget. Les fonds déposés le sont à titre gratuit et ne sont donc pas rémunérés sauf quelques cas très particuliers.

■ Le comptable public regardera ce qu'il reste « en caisse » avant de payer une dépense, qu'elle concerne le budget général ou un budget annexe. En revanche, les fonds des budgets autonomes sont dans une caisse à part puisque l'établissement public dispose de la personnalité juridique.

■ Les placements possibles sont limités pour éviter les risques et il s'agira toujours de produits de l'État (emprunts, obligations...). La décision de placement est prise par l'assemblée délibérante.

3 La séparation de l'ordonnateur et du comptable

L'exécution du budget des collectivités territoriale est régie par le principe de séparation de l'ordonnateur et du comptable. Selon ce principe, la comptabilité va être tenue par **deux personnes distinctes** : d'une part, l'ordonnateur et, d'autre part, le comptable (ou trésorier) public. Ce principe général s'applique à l'ensemble de la comptabilité publique pour éviter les risques de fraude (gestion de fait).

35

Fiche

L'ordonnateur (l'exécutif, donc le maire ou le président) est l'autorité qui :
– prescrit l'exécution des recettes et des dépenses ;
– constate les droits des personnes publiques ;
– liquide et met en recouvrement les recettes ;
– engage, liquide et ordonne les dépenses ;
– rend compte annuellement des opérations budgétaires qu'il a exécutées *via* le **compte administratif**.

Le comptable (fonctionnaire du Trésor Public) est l'autorité qui :
– liquide et paye la dépense ;
– recouvre la recette ;
– clôt l'exercice *via* le **compte de gestion**.

Évidemment, les deux documents – compte administratif et compte de gestion – doivent coïncider.

À savoir

L'ordonnateur ne peut procéder à la manipulation des fonds publics :
– celui qui ordonne ne paie pas ;
– celui qui paye n'ordonne pas.

Un agent d'État, le comptable, contrôle, paie et encaisse

Rôle de l'organe exécutif (Maire ou président)	Rôle de l'organe délibérant (Assemblée délibérante)	Rôle du comptable
• Prépare le budget • Donne l'ordre de paiement ou d'encaissement	Vote le budget	• Liquide et paye la dépense • Recouvre la recette
Compte administratif		**Compte de gestion**
Ordonnateur		**Comptable**

À la clôture de l'exercice budgétaire, qui intervient au 31 janvier de l'année N +1, l'ordonnateur établit le compte administratif du budget principal ainsi que les comptes administratifs correspondant aux différents budgets annexes. **Le compte administratif** :
– rapproche les prévisions ou autorisations inscrites au budget (au niveau du chapitre ou de l'article selon les dispositions arrêtées lors du vote du budget primitif) des réalisations effectives en dépenses (mandats) et en recettes (titres) ;
– présente les résultats comptables de l'exercice ;
– est soumis par l'ordonnateur, pour approbation, à l'assemblée délibérante qui l'arrête définitivement par un vote avant le 30 juin de l'année qui suit la clôture de l'exercice.

Avant le 1er juin de l'année qui suit la clôture de l'exercice, le comptable public établit un compte de gestion par budget voté (budget principal et budgets annexes). **Le compte de gestion** retrace les opérations budgétaires en dépenses et en recettes, selon une présentation analogue à celle du compte administratif. Il comporte :

– une balance générale de tous les comptes tenus par le trésorier (comptes budgétaires et comptes de tiers notamment correspondant aux créanciers et débiteurs de la collectivité) ;

– le bilan comptable de la collectivité, qui décrit de façon synthétique l'actif et le passif de la collectivité ou de l'établissement local.

■ Le compte de gestion est également soumis au vote de l'assemblée délibérante qui peut constater ainsi la stricte concordance des deux documents (compte administratif et compte de gestion). Ce premier examen est suivi d'un second contrôle effectué par le juge des Comptes. La reddition annuelle des comptes est une charge de fonction et une obligation d'ordre public.

4 Les missions de l'ordonnateur et du comptable

A| L'ordonnateur

■ **L'engagement.** C'est l'acte par lequel un organisme public crée ou constate à son encontre une obligation de laquelle résultera une charge. Sauf exception, l'ordonnateur ne peut engager plus de crédits qu'il n'est prévu au chapitre budgétaire.

■ **La liquidation.** Elle consiste à vérifier la réalité de la dette et arrêter le montant de la dépense au vu de titres établissant les droits des créanciers. Elle se décompose en deux phases : la vérification du service fait et la vérification des titres de paiement.

■ **L'ordonnancement (ou mandatement).** C'est l'acte signé par l'ordonnateur et donnant ordre de payer au comptable, appelé « mandat » pour les collectivités locales. Il est accompagné des pièces justificatives (délibérations, factures, mémoires, marchés, etc.). Liquidation et ordonnancement doivent respecter les délais de paiement des marchés publics.

B| Les missions du comptable

■ **Le paiement.** C'est l'opération par laquelle le comptable acquitte une dépense, au vu d'un mandat établi par l'ordonnateur.

■ **L'encaissement.** C'est l'opération par laquelle le comptable recouvre une recette, au vu d'un titre établi par l'ordonnateur.

5 Le contrôle budgétaire

Les services de la préfecture vont exercer deux sortes de contrôle *a posteriori* :

– un contrôle de légalité ;

– un contrôle budgétaire.

A| Contrôle de légalité

Ils sont de deux types :

- **Contrôle sur la légalité interne ou sur la forme** : ce contrôle s'exerce dans les mêmes conditions que les autres délibérations et va porter notamment sur : le délai de convocation ; le respect du quorum ; la règle de majorité ; la présentation correcte ou non du budget.
- **Contrôle sur la légalité externe ou sur le fond** : le contrôle va porter sur : la conformité aux lois et règlements ; l'absence de dépenses interdites (subvention à un parti politique par exemple).

B| Contrôle budgétaire

- Parallèlement au contrôle de légalité, les collectivités territoriales sont soumises à un contrôle *a posteriori* spécifique, le contrôle budgétaire, prévu aux articles L. 1612-1 à L. 1612-20 du CGCT. Ce contrôle budgétaire relève de la **compétence exclusive du préfet**. Le préfet est seul habilité, dans les cas prévus par le CGCT et après avis de la Chambre régionale des comptes, à réformer les documents budgétaires dans le cadre de son pouvoir de substitution qui lui permet de régler d'office et de rendre exécutoire le budget d'une collectivité.
- Les communes, les départements, les régions et les établissements publics locaux, dont les établissements publics de coopération intercommunale, sont concernés par ce contrôle.
- L'objectif de ce contrôle est d'assurer le respect des règles applicables à l'élaboration, l'adoption et l'exécution des budgets des collectivités territoriales et de leurs établissements publics (budget primitif, budget supplémentaire, décision modificative et compte administratif).
- Ces règles portent sur quatre points :
  - la date d'adoption et de transmission du budget ;
  - l'équilibre réel du budget ;
  - la date de vote, l'équilibre et le rejet éventuel du compte administratif ;
  - l'inscription et le mandatement d'office des dépenses obligatoires.

C| Procédure en cas de problème

Elle se déroule généralement en deux étapes :
- le recours gracieux (étape facultative) ;
- soit la saisine du tribunal administratif en cas de problème de légalité, soit la saisine de la Chambre régionale des comptes en cas de problème budgétaire.

Les recettes des collectivités

Pour mener à bien leurs projets et les compétences décentralisées, les collectivités territoriales bénéficient de ressources dont elles peuvent disposer librement dans les conditions fixées par la loi.

1 Les ressources propres des collectivités territoriales

A| La fiscalité directe

■ Les impôts directs locaux comprennent quatre taxes principales, fréquemment appelés les « quatre vieilles », qui constituent la part la plus importante de ces ressources :

– **la taxe d'habitation – TH.** Elle est due par tout occupant à titre privatif, propriétaire ou locataire (payant ou gratuit), d'un local d'habitation au 1er janvier de l'année si ce local est meublé. La base de calcul est égale à 100 % de la valeur locative du local occupé ;

– **la taxe foncière sur les propriétés bâties – TFB.** Elle est due par tous propriétaires fonciers au 1er janvier de l'année d'un local d'habitation ou professionnel fixé au sol, même si le local est vacant. La base est égale à 50 % de la valeur locative du local pour tenir compte des frais de gestion, d'entretien et d'amortissement ;

– **la taxe foncière sur les propriétés non bâties – TFNB.** Elle est due par tous propriétaires d'un terrain non bâti au 1er janvier de l'année. Un prorata est calculé en cas de vente dans l'année. La base est égale à 80 % de la valeur locative du terrain pour tenir compte des charges d'entretien ;

– **la contribution économique territoriale – CET.** La contribution économique a remplacé, en 2010, la taxe professionnelle (TP) qui avait, elle-même remplacé, en 1975, la patente. Elle est due chaque année par les personnes physiques ou morales qui exercent, à titre habituel, une activité professionnelle non salariée à but lucratif. Elle est composée de la cotisation foncière des entreprises (CFE) et de la cotisation sur la valeur ajoutée des entreprises (CVAE).

■ À ces quatre taxes s'ajoutent des taxes annexes ou assimilées, comme la taxe sur les ordures ménagères – TEOM, la taxe intérieure de consommation sur les produits énergétiques – TICPE, l'imposition forfaitaire sur les pylônes, la redevance des mines, la taxe de balayage…

À savoir

La taxe habitation, le foncier bâti, le foncier non bâti, la contribution économique territoriale sont encaissés par l'État et reversés ensuite par douzième aux collectivités territoriales avec une régularisation en cours d'année (en général au mois de mai) en fonction du montant des impôts votés au budget primitif.

B| La réforme de la taxe habitation

La loi de finances 2018 met en place progressivement, en 3 ans et sous conditions de ressources, un dégrèvement de la taxe d'habitation (30 % en 2018, 65 % en 2019 et 100 % en 2020). Ce dégrèvement bénéficie aux personnes seules ou en couple disposant d'un revenu fiscal de référence inférieur à 27 000 € et 43 000 €, à condition que ces contribuables ne soient pas redevables de l'impôt sur la fortune. Chaque demi-part supplémentaire entraîne un relèvement de ces seuils. En 2020, plus de 22 millions de foyers fiscaux, soit près de 80 % du total, ne paieront plus de TH. Le mécanisme du dégrèvement garantit la compensation intégrale des communes et des intercommunalités. L'évolution des valeurs locatives sera prise en compte au fil des années pour le calcul du dégrèvement mais les taux et abattements resteront ceux de 2017. En théorie, l'assemblée délibérante peut donc toujours augmenter les taux mais dans cette hypothèse, l'augmentation sera à la charge du contribuable. Les assemblées délibérantes conservent leurs pouvoirs sur les abattements ou dégrèvements. Cette réforme a été validée par le Conseil Constitutionnel qui a cependant précisé qu'il pourrait réexaminer ces questions en fonction notamment de la façon dont sera traitée la situation des contribuables restant assujettis à cette taxe dans le cadre de la réforme annoncée de la fiscalité locale.

2 Les autres ressources propres

A| Les recettes fiscales indirectes

- **Les droits de mutation.** Sont soumises à des droits d'enregistrement ou à une taxe de publicité foncière les mutations de propriété à titre onéreux d'immeubles ou de droits immobiliers (usufruit, nue-propriété, servitudes foncières, emphytéose, etc.).
- **La taxe d'aménagement.** Elle est établie sur la construction, la reconstruction, l'agrandissement des bâtiments et aménagements de toute nature nécessitant une autorisation d'urbanisme. Elle est due par le bénéficiaire de l'autorisation de construire ou d'aménager.
- **La taxe de séjour.** Taxe facultative prélevée par les communes touristiques ou leurs groupements. Elle est payée par les personnes séjournant provisoirement dans ces communes.

B| Les ressources tarifaires

- **Les produits d'exploitation.** Ces produits sont la contrepartie d'un service rendu payé par l'usager du service public (restaurant solaire, accueil périscolaire, piscine, camping, photocopies…).

■ **Les produits des domaines.** Il s'agit des recettes de location, mise à disposition, occupation du patrimoine mais en aucun cas d'une vente. Il faut distinguer :
– **le domaine public** : emplacement taxis, marchés, stationnement, terrasses de café... ;
– **le domaine privé** : location de terrains, bâtiments, atelier relais, matériel...

3 Les dotations de l'État

Les relations financières entre l'État et les collectivités territoriales sont caractérisées, depuis 1996, par l'existence d'une « enveloppe normée » regroupant les principaux concours financiers de l'État aux collectivités territoriales, soit 30 % des ressources des collectivités territoriales, dont près de 23 % pour les dotations de fonctionnement. Ces dotations correspondent à trois finalités : compensation, péréquation et orientation.

A| La dotation globale de fonctionnement – DGF

■ Elle est, de loin, la principale dotation de fonctionnement de l'État aux collectivités territoriales. La réforme d'architecture menée en loi de finances pour 2004 a conduit à doubler son volume. Elle constitue le pivot des relations financières entre l'État et les collectivités locales.
■ Il conviendrait toutefois de parler « des DGF » plutôt que de « la DGF ». En effet, la DGF comporte au total 12 dotations (4 pour les communes, 2 pour les EPCI, 4 pour les départements et 2 pour les régions) qui se déclinent elles-mêmes en plusieurs parts ou fractions.
■ Pour chaque catégorie de collectivité, la DGF se divise en deux parts :
– la part forfaitaire, qui correspond à un tronc commun perçu par toutes les collectivités bénéficiaires ;
– et la part péréquation, dont les composantes sont reversées aux collectivités les plus défavorisées.

B| La dotation de financement des transferts de compétences

Les transferts de compétences aux collectivités territoriales s'accompagnent des ressources consacrées par l'État à l'exercice des compétences transférées. Ce principe, mis en œuvre depuis 1983, a été érigé en principe constitutionnel en mars 2003 au sein du nouvel article 72-2 de la Constitution : « Tout transfert de compétences entre l'État et les collectivités territoriales s'accompagne de l'attribution de ressources équivalentes à celles qui étaient consacrées à leur exercice. Toute création ou extension de compétences ayant pour conséquence d'augmenter les dépenses des collectivités territoriales est accompagnée de ressources déterminées par la loi. »

4 Le financement par l'emprunt

Les collectivités peuvent recourir aux emprunts pour financer leurs investissements ainsi qu'à des partenariats publics/privés.

L'assemblée délibérante peut emprunter librement :
- auprès de n'importe quelle banque ;
- à taux fixe ou révisable ;
- en euros ou en devises ;
- à la durée souhaitée.

La réalisation d'un emprunt se fait en trois étapes :
- vote de l'emprunt au budget ;
- délibération de l'assemblée délibérante, sauf délégation à l'exécutif, pour décider de l'emprunt ;
- signature du contrat par l'exécutif.

5 Les dons et les legs

Cette recette exceptionnelle peut être soit une recette de fonctionnement, soit une recette d'investissement ; tout dépend de la nature du don et legs.

- **Exemples**

• Si le don est un bien immeuble pour en faire un musée, il s'agira alors d'une recette d'investissement.
• Si le don est une somme d'argent, il s'agira alors d'une recette de fonctionnement.

■ L'assemblée délibérante peut refuser un don ou un legs. En revanche, si l'assemblée délibérante l'accepte, elle a l'obligation de respecter la volonté du donateur. L'assemblée délibérante doit donc analyser les conséquences d'un legs avant de l'accepter.

■ En effet, si la collectivité ne respecte pas la volonté du donateur, les héritiers disposent d'une action récursoire en justice qui leur permettra éventuellement de récupérer le bien, avec intérêts.

6 Les subventions

■ L'Europe (FEDER, FEOGA), l'État, le conseil régional, le conseil départemental, l'Agence de l'eau, la CAF... sont autant de financeurs possibles pour les collectivités territoriales.

■ Le conseil départemental et le conseil régional peuvent également bénéficier de subventions de l'État et de l'Europe. Pour chaque opération, il faut évidemment rechercher le maximum de subventions.

Les dépenses des collectivités

Les dépenses des collectivités territoriales s'inscrivent dans un cadre budgétaire et juridique : la séparation des dépenses de fonctionnement et des dépenses d'investissement et la séparation entre les dépenses facultatives et les dépenses obligatoires des collectivités.

1 Séparation entre dépenses de fonctionnement et dépenses d'investissement

- La distinction entre dépenses de fonctionnement et dépenses d'investissement favorise l'équilibre financier des collectivités territoriales puisque chaque section doit être équilibrée par rapport aux recettes de fonctionnement et d'investissement (principe de l'équilibre du budget).
- Les dépenses de fonctionnement concernent les opérations courantes des collectivités territoriales.
- Les dépenses d'investissement concernent les opérations en capital.

Section de fonctionnement	Dépenses de personnel
	Intérêts des emprunts
	Dépenses d'entretien et de fournitures
	Frais relatifs aux compétences de la collectivité
Section d'investissement	Dépenses d'équipement bruts
	Subventions versées
	Remboursements de dette

2 Séparation entre dépenses obligatoires, dépenses facultatives et dépenses interdites

Le principe de libre administration des collectivités est encadré juridiquement, obligeant ainsi les collectivités à certaines dépenses et leur en interdisant d'autres.

A| Les dépenses obligatoires

- Elles représentent une part importante des budgets locaux. Elles doivent être obligatoirement inscrites, avec des crédits alloués en quantité suffisante. Elles sont énumérées par le *Code général des collectivités territoriales* (CGCT).

■ Une procédure de contrôle budgétaire est mise en place pour assurer que ces dépenses obligatoires sont bien inscrites au budget. Le préfet, le comptable de la collectivité ou un créancier peuvent saisir la Chambre régionale des comptes s'ils estiment qu'une dépense obligatoire n'est pas inscrite.

■ Chaque catégorie de collectivité et d'EPCI à fiscalité propre dispose de dépenses obligatoires spécifiques aux compétences transférées par l'État. Depuis l'ordonnance du 20 février 2004, ces dépenses sont classées en 31 catégories qui couvrent tous les aspects de la décentralisation.

- **Exemple**

Les communes sont tenues d'assurer le fonctionnement normal de la mairie, de garantir les dépenses de personnel et de prévoir des sommes suffisantes pour assurer le bon fonctionnement des services publics obligatoires.

B| Les dépenses facultatives

■ Elles doivent correspondre à un intérêt public local. En effet, les dépenses effectuées dans un but purement privé sont interdites.

■ Elles doivent aussi rester le plus neutre possible, notamment au niveau politique (il est interdit, par exemple, de subventionner des salariés en grève).

■ Elles doivent également inscrire leur action dans le champ de compétence qui leur est attribué, et ce, pour éviter les chevauchements de compétences entre les différentes collectivités.

C| Les dépenses interdites par la loi

Les deux principales concernent les **cultes** et l'**éducation** :

■ Conformément à l'Art. 2 de la loi de 1905 sur la séparation des Églises et de l'État, tout subventionnement **à quelque culte que ce soit** est interdit. Aucune collectivité n'a par conséquent le droit d'accorder une indemnité à un représentant d'un culte ou bien de participer à l'organisation d'une manifestation d'ordre cultuel.

■ La gestion de l'éducation est encadrée par la loi de 1886 sur l'enseignement primaire. Pour être subventionnées, **les écoles privées** doivent obtenir l'agrément de l'Éducation nationale. Les collectivités ne peuvent les subventionner sans cela, mais elles ont l'obligation de le faire une fois l'agrément obtenu. Elles ne peuvent donc pas privilégier l'école publique.

Les dépenses facultatives	• Intérêt public local • Dans le champ de compétence de la collectivité • Les plus neutres possible
Les dépenses interdites	• Cultuelles (exception : Alsace-Moselle) • Enseignement privé (cas particulier) • Rémunération directe d'agents de l'État • Interventions économiques (exceptions)

Pour aller plus loin

→ Le portail de l'État au service des collectivités : https://www.collectivites-locales.gouv.fr

3 Types de classement des recettes et des dépenses

A| Le classement par nature

■ Avec le classement selon la nature, l'assemblée délibérante ne connaît que le montant des recettes et des dépenses par nature, c'est-à-dire par type de recettes/dépenses (assurances, personnel, dotations de l'État…) sans connaître le coût d'un service.

■ Pour les collectivités dont la population est supérieure à 3 500 et inférieure à 10 000 habitants, le budget est **obligatoirement** voté par nature. Néanmoins, la présentation par nature doit être complétée, à titre d'information, par une présentation fonctionnelle.

B| Le classement par fonction

Les recettes et les dépenses sont classées selon **leur destination ou leur affectation**.

Thème de la fonction pour les communes selon la nomenclature M14

Fonction	Communes (M14)
0	Services généraux des administrations publiques locales
1	Sécurité et salubrité publique
2	Enseignement - formation
3	Culture
4	Sport et jeunesse
5	Intervention sociale et santé
6	Famille
7	Logement
8	Aménagement des services urbains, environnement
9	Action économique

■ Pour les collectivités dont la population est supérieure à 3 500 habitants et inférieure à 10 000 habitants, les opérations font l'objet d'un double classement, par nature mais aussi par fonction (au nombre de 10), c'est-à-dire selon la destination ou l'affectation de la recette ou de la dépense. Chaque collectivité peut établir un code fonctionnel plus ou moins détaillé.
■ Les fonctions se divisent ensuite en sous-fonctions.

- **Exemple**

Le classement par fonction rend possible la connaissance du coût de chaque école maternelle s'il y en a deux ou plusieurs.

Classification	Exemple	Libellés
Sous-fonction	20	Services communs
Sous-fonction	21	Enseignement du 1er degré
• Sous-sous-fonction ou rubrique • Sous-sous-fonction ou rubrique	211 212	• École maternelle • École élémentaire
– Sous-sous-sous-fonction – Sous-sous-sous-fonction	2111 2112	– École maternelle Coquelicot – École maternelle Bleuet
Sous-fonction	22	Enseignement du 2e degré

C| Différences entre le classement par nature et le classement par fonction

■ **Le classement par nature ou la comptabilité générale**. Dans ce cas, l'assemblée délibérante ne connaît que le montant des recettes et des dépenses par nature (les assurances, le personnel, les dotations de l'État...) sans connaître le coût d'un service.
■ **Le classement par fonction ou la comptabilité analytique**. Dans ce cas, l'assemblée délibérante connaît à la fois :
– les dépenses par nature ;
– les dépenses par service avec, par exemple, la fonction enseignement ;
– les dépenses des maternelles avec, par exemple, la sous-fonction maternelle.

À savoir

La comptabilité analytique permet une connaissance plus fine des coûts des différents services. C'est donc un outil de gestion ainsi qu'un outil d'aide à la décision car une parfaite connaissance de tous les coûts facilite une meilleure gestion du budget et, en conséquence, d'améliorer la marge de manœuvre ou de limiter la pression fiscale.
C'est pourquoi, même si la comptabilité par fonction n'est pas obligatoire dans les collectivités de moins de 3 500 habitants, il est souhaitable de la mettre en place pour un meilleur contrôle de gestion, en la simplifiant pour les petites collectivités.

Les marchés publics

Les marchés publics permettent à l'administration de recourir à une personne publique ou privée pour répondre à ses besoins en matière de travaux, de fournitures ou de services, nécessaires à l'exécution d'un service public, en échange d'un prix qu'elle acquitte. Ils se déroulent généralement en trois phases : préparation, passation, exécution du marché.

1 Le marché public

A| Définition

Un marché public est un **contrat administratif conclu à titre onéreux** qui permet à l'administration de recourir à une personne publique ou privée pour **répondre à ses besoins** en matière **de travaux, de fournitures ou de services**, nécessaires à l'exécution d'un service public, en échange d'**un prix** qu'elle acquitte.

B| Les personnes publiques

Il s'agit principalement :
- de l'État et de ses établissements publics administratifs (ceux à caractère industriel et commercial en sont exclus) ;
- des collectivités territoriales ;
- des établissements publics locaux.

C| Le contrat administratif conclu à titre onéreux

Ce type de contrat correspond à un contrat dans lequel chaque contractant reçoit une contrepartie (généralement le paiement d'une somme en argent) en échange de la réalisation d'une prestation.
Toutefois, d'autres formes de rémunération peuvent donner un caractère onéreux au contrat.

- **Exemple**

Les marchés de mobilier urbain : le prestataire installe le mobilier en échange de l'exploitation des supports publicitaires, sans que la ville ne paie ce mobilier. Dans ce cas, le revenu des publicités représente la rémunération du prestataire.

D| Les besoins d'un acheteur

La législation prévoit trois types de besoins nettement différenciés car certaines des règles des marchés publics varient en fonction de la qualification du besoin (aussi nommée « objet du marché ») :
- besoins de travaux ;

– besoins de fournitures (achat, location par exemple) ;
– besoins de services.

À savoir
Depuis le 1er octobre 2018, pour tout marché dont la valeur est égale ou supérieure à 25 000 €HT, la procédure de passation est obligatoirement dématérialisée (plateforme de l'acheteur).

2 Les trois principes du marché public

Les procédures de commande publique sont strictement encadrées, et doivent obéir à trois grands principes :
– **liberté d'accès à la commande publique** : toute personne doit avoir librement accès aux besoins des acheteurs ;
– **égalité de traitement des candidats** : toute discrimination est interdite et la rédaction du cahier des charges doit être objective et ne pas orienter de choix. De plus, les acheteurs doivent examiner toutes les offres envoyées dans le délai demandé. Enfin, si un candidat pose une question, la réponse doit être transmise à tous les candidats afin de permettre à tous de disposer d'une information équivalente ;
– **transparence des procédures** : le principe de transparence garantit les deux premiers principes. Il assure aussi à tout soumissionnaire dont l'offre est rejetée une réponse expliquant les motifs du rejet.

3 Les trois phases du marché public

Un marché public se déroule en **trois phases** :
– **la préparation du marché**. Cette phase comprend la définition du besoin et la rédaction des documents de consultation ;
– **la passation du marché**. Cette seconde phase correspond à la consultation des offres puis à l'attribution du marché ;
– **l'exécution du marché**. Enfin, lors de dernière phase, le marché est préparé et exécuté avant d'être réglé par l'acheteur public.

4 Les règles de procédure et de publicité

■ L'acheteur public doit se conformer à différents types de procédures, déterminés en fonction :
– du montant ;
– de la nature du marché (travaux, fourniture ou services) ;
– du type d'acheteur public (État, collectivités territoriales ou établissements publics).

■ En fonction des montants hors taxe engagés pour l'achat public et de l'objet du marché, les procédures à respecter sont différentes.

■ Ceci justifie la mise en œuvre de procédures permettant de garantir ces impératifs :
- publicité des offres ;
- mise en concurrence des fournisseurs ;
- transparence des choix effectués.

■ Au regard du type d'achat et du montant financier, les procédures varient.

À savoir

Un marché public existe dès le premier centime. Seule la procédure est affectée par le montant de l'achat.

Modification à venir

Décret n° 2019-1344 12 décembre 2019 modifiant certaines dispositions du Code de la commande publique relatives aux seuils et aux avances.

Ce décret du 12 décembre 2019 modifie certaines dispositions du Code de la commande publique relatives aux seuils et aux avances, et a paru au Journal officiel du 13 décembre 2019. Il poursuit deux objectifs :
- simplifier les procédures de passation des marchés publics en relevant le seuil de dispense de procédure à 40 000 €HT ;
- faciliter l'accès des PME à la commande publique en augmentant le taux minimal des avances obligatoires versées aux PME par certains acheteurs publics.

• Le seuil de dématérialisation des marchés publics, qui s'impose aux acheteurs depuis le 1er octobre 2018, suit la même courbe et passe également de 25 000 à 40 000 euros HT. Les seuils ont donc été alignés.

• Pour les marchés dont le montant est compris entre 25 000 et 40 000 euros, la procédure est allégée.

Simplification des marchés publics répondant à un besoin inférieur à 40 000 € HT		
	Jusqu'au 31 déc. 2019	À partir du 1er janvier 2020
Dématérialisation de la procédure de passation	Obligatoire dès 25 000 € HT	Obligatoire uniquement à partir de 40 000 € HT
Publication des données relatives aux marchés publics entre 25 000 € HT et 40 000 € HT	Publication des 16 données essentielles du marché public sur un profil d'acheteur	Possibilité de ne publier, sur le support choisi par l'acheteur, uniquement 5 données du marché public

Partie 2

ENTRAÎNEMENT

Comprendre la fonction publique

Fonctionnaire, agent et statut

QCM 1

Choisissez la ou les réponse(s) exacte(s).

1. Sont considérés comme des agents publics :
- ▢ **A** les fonctionnaires stagiaires ou titulaires
- ▢ **B** les agents des services publics industriels et commerciaux
- ▢ **C** les agents en CDD ou CDI travaillant dans une collectivité territoriale

2. Un fonctionnaire est :
- ▢ **A** un agent de l'une des trois fonctions publiques
- ▢ **B** un agent titulaire de l'une des trois fonctions publiques

3. Un fonctionnaire se définit par :
- ▢ **A** son employeur
- ▢ **B** son statut
- ▢ **C** son poste

4. Chassez l'intrus. La catégorie des agents non titulaires comprend :
- ▢ **A** les vacataires
- ▢ **B** les stagiaires
- ▢ **C** les contractuels

5. Le statut des fonctionnaires est organisé en grands titres au nombre de :
- ▢ **A** trois
- ▢ **B** quatre
- ▢ **C** cinq

6. Le personnel de la Ville de Paris relève de :
- ▢ **A** la fonction publique territoriale
- ▢ **B** la fonction publique d'État
- ▢ **C** la fonction publique territoriale avec régime dérogatoire
- ▢ **D** la fonction publique d'État avec régime dérogatoire

7. Le Titre I du statut de la fonction publique :
- ▢ **A** ne s'adresse qu'aux agents de l'État
- ▢ **B** ne s'adresse qu'aux agents territoriaux
- ▢ **C** concerne tous les agents de l'État, territoriaux et hospitaliers

8. Les personnes travaillant au sein des administrations publiques relèvent :
- ▢ **A** du Code du travail
- ▢ **B** du Code des collectivités territoriales
- ▢ **C** du *Statut général des fonctionnaires*

L'organisation des fonctions publiques

QCM 2

Choisissez la ou les réponse(s) exacte(s).

1. Un fonctionnaire travaillant en préfecture appartient :
- ▢ **A** à la fonction publique d'État
- ▢ **B** à la fonction publique territoriale
- ▢ **C** à la fonction publique préfectorale

2. L'accès à la fonction publique territoriale s'effectue :
- ▢ **A** exclusivement par concours
- ▢ **B** par recommandation
- ▢ **C** par concours ou, dans certains cas, par recrutement direct

3. Pour accéder à la fonction publique, il faut réunir :
- ▢ **A** 3 conditions obligatoires
- ▢ **B** 5 conditions obligatoires
- ▢ **C** 7 conditions obligatoires

4. Le candidat qui réussit un concours d'accès à la fonction publique territoriale :
- ▢ **A** est nommé à un poste en fonction de son rang de classement
- ▢ **B** est inscrit sur une liste d'aptitude qui lui donne vocation à être nommé par un employeur territorial
- ▢ **C** est, lorsqu'il n'a pas d'employeur, rémunéré dès sa réussite au concours

5. Quand un agent est fonctionnaire titulaire dans une fonction publique :
- ▢ **A** il doit passer un concours pour être titularisé dans une autre fonction publique
- ▢ **B** il doit passer par une période de stage dans l'autre fonction publique
- ▢ **C** sa qualité de fonctionnaire titulaire est reconnue quelle que soit la fonction publique

6. Réussir un concours est synonyme d'avoir :
- ▢ **A** un poste
- ▢ **B** un emploi
- ▢ **C** un grade

7. Pour se présenter à un concours, il faut, entre autres conditions :
- ▢ **A** posséder obligatoirement la nationalité française
- ▢ **B** posséder la nationalité française, ou celle d'un autre État membre de l'UE

8. Quelle autorité a compétence en matière de nomination ?
- ▢ **A** un maire
- ▢ **B** un président de département
- ▢ **C** un ministre
- ▢ **D** un président de région

Comprendre la fonction publique
L'organisation des statuts de la fonction publique territoriale

QCM 3

Choisissez la ou les réponse(s) exacte(s).

1. Le cadre d'emplois est le regroupement :
- ▢ **A** des agents titulaires d'un grade
- ▢ **B** des agents soumis à un même statut particulier
- ▢ **C** des agents ayant vocation à occuper un ensemble d'emplois
- ▢ **D** les trois conditions précédentes réunies

2. La fonction publique territoriale compte :
- ▢ **A** 8 filières, une cinquantaine de cadres d'emplois et plus de 250 métiers
- ▢ **B** 12 filières, une centaine de cadres d'emplois et plus de 600 métiers

3. Les filières correspondent aux grands domaines d'intervention :
- ▢ **A** de l'État
- ▢ **B** des collectivités territoriales

4. Le grade d'adjoint territorial d'animation de 1re classe dépend de :
- ▢ **A** la catégorie A
- ▢ **B** la catégorie B
- ▢ **C** la catégorie C

5. La fonction publique territoriale compte :
- ▢ **A** environ 1 900 000 d'agents titulaires et non titulaires
- ▢ **B** environ 6 000 000 d'agents titulaires et non titulaires

6. Dans la fonction publique territoriale, la séparation du grade et de l'emploi signifie que :
- ▢ **A** dans les 15 jours qui suivent sa réussite à un concours, un fonctionnaire doit choisir entre le grade et l'emploi
- ▢ **B** en cas de suppression d'emploi, un fonctionnaire demeure titulaire de son grade
- ▢ **C** en cas de suppression de grade, un fonctionnaire demeure titulaire de son emploi

7. Les corps d'emplois dans la FPE correspondent :
- ▢ **A** aux grades dans la FPT
- ▢ **B** aux corps dans la FPH
- ▢ **C** aux cadres d'emplois dans la FPT
- ▢ **D** aux filières dans la FPT

Du recrutement à la cessation d'activité

QCM 4

Choisissez la ou les réponse(s) exacte(s).

1. Quelles décisions peuvent être prises à l'issue de la période de stage ?
- ▢ **A** la titularisation
- ▢ **B** un licenciement pour cause d'insuffisance professionnelle
- ▢ **C** la prorogation du stage
- ▢ **D** le refus de titularisation

2. La prolongation du stage et la prorogation du stage sont équivalentes :
- ▢ **A** Vrai
- ▢ **B** Faux

3. Quels sont les modes forcés de cessation de fonction ?
- ▢ **A** la révocation – pour un titulaire
- ▢ **B** la mutation
- ▢ **C** le licenciement – pour un non-titulaire

4. À la suite de l'admission à un concours de la FPT, la liste d'aptitude des lauréats est publiée par ordre alphabétique.
- ▢ **A** Vrai
- ▢ **B** Faux

5. Un fonctionnaire privé de son emploi est également privé de son grade.
- ▢ **A** Vrai
- ▢ **B** Faux

6. Les positions administratives sont au nombre de :
- ▢ **A** 3
- ▢ **B** 4
- ▢ **C** 5

7. Est organisée en corps :
- ▢ **A** la fonction publique d'État
- ▢ **B** la fonction publique territoriale
- ▢ **C** la fonction publique hospitalière

8. La liste d'aptitude est valable un an.
- ▢ **A** Vrai
- ▢ **B** Faux

Comprendre la fonction publique
L'avancement au cours de la carrière

QCM 5

Choisissez la ou les réponse(s) exacte(s).

1. Le passage d'un échelon à l'autre est automatique.
- ☐ **A** Vrai
- ☐ **B** Faux

2. Quand un agent est fonctionnaire, il ne peut plus être licencié.
- ☐ **A** Vrai
- ☐ **B** Faux

3. L'avancement de grade est automatique.
- ☐ **A** Vrai
- ☐ **B** Faux

4. L'avancement d'échelon a pour conséquence l'augmentation indiciaire.
- ☐ **A** Vrai
- ☐ **B** Faux

5. L'accès à un nouveau cadre d'emplois se fait uniquement par promotion interne.
- ☐ **A** Vrai
- ☐ **B** Faux

6. Dans la fonction publique d'État, il existe quatre filières.
- ☐ **A** Vrai
- ☐ **B** Faux

7. Les catégories A, B et C sont des catégories de rémunération.
- ☐ **A** Vrai
- ☐ **B** Faux

8. L'échelon détermine la position d'un agent au sein d'un même cadre d'emplois.
- ☐ **A** Vrai
- ☐ **B** Faux

L'évaluation des fonctionnaires

QCM 6

Choisissez la ou les réponse(s) exacte(s).

1. La notation :
- ▢ **A** est la modalité d'évaluation de l'agent
- ▢ **B** a été remplacée par un entretien professionnel annuel

2. L'entretien donne lieu à un compte rendu auquel l'agent ne peut apporter aucune observation.
- ▢ **A** Vrai
- ▢ **B** Faux

3. Le fonctionnaire doit être informé de la date de l'entretien au moins :
- ▢ **A** trois semaines à l'avance
- ▢ **B** huit jours à l'avance
- ▢ **C** quinze jours à l'avance

4. L'entretien professionnel est un moment d'échange entre le fonctionnaire et son autorité de nomination.
- ▢ **A** Vrai
- ▢ **B** Faux

5. Seuls les agents titulaires bénéficient d'un entretien professionnel annuel.
- ▢ **A** Vrai
- ▢ **B** Faux

6. Les critères à partir desquels la valeur professionnelle des agents est appréciée sont fixés après avis du comité technique.
- ▢ **A** Vrai
- ▢ **B** Faux

Comprendre la fonction publique

La rémunération des fonctionnaires

QCM 7

Choisissez la ou les réponse(s) exacte(s).

1. Le niveau de rémunération est défini par un indice brut.
- ▢ **A** Vrai
- ▢ **B** Faux

2. L'indemnité de résidence est identique dans toute la France.
- ▢ **A** Vrai
- ▢ **B** Faux

3. L'indice majoré (IM) est l'indice de carrière.
- ▢ **A** Vrai
- ▢ **B** Faux

4. La part obligatoire de la rémunération des agents territoriaux est constituée :
- ▢ **A** du traitement brut indiciaire
- ▢ **B** du régime indemnitaire
- ▢ **C** du supplément familial de traitement
- ▢ **D** de l'indemnité de résidence

5. La valeur du point indiciaire est la même pour l'ensemble des fonctionnaires de France.
- ▢ **A** Vrai
- ▢ **B** Faux

6. Le RIFSEEP devrait se substituer à tous les régimes indemnitaires existants.
- ▢ **A** Vrai
- ▢ **B** Faux

7. La dernière valeur du point indiciaire date de :
- ▢ **A** 2010
- ▢ **B** 2015
- ▢ **C** 2017

8. La valeur du point indiciaire est :
- ▢ **A** décidée par l'État
- ▢ **B** la même pour l'ensemble des fonctionnaires de France

Les droits des fonctionnaires

QCM 8

Choisissez la ou les réponse(s) exacte(s).

1. Les droits et obligations des fonctionnaires sont énumérés dans un texte datant de :
- ☐ **A** 1958
- ☐ **B** 1983
- ☐ **C** 2016
- ☐ **D** 2019

2. Le droit de grève :
- ☐ **A** concerne tous les fonctionnaires
- ☐ **B** connaît certaines restrictions

3. Un fonctionnaire ne peut pas :
- ☐ **A** adhérer à un parti politique
- ☐ **B** adhérer à un syndicat
- ☐ **C** exprimer ses convictions politiques sur son lieu et pendant son temps de travail

4. Les droits et obligations des fonctionnaires sont les mêmes quelle que soit la fonction publique.
- ☐ **A** Vrai
- ☐ **B** Faux

5. La liberté d'opinion des fonctionnaires :
- ☐ **A** recouvre la liberté de conscience mais exclut la liberté d'expression
- ☐ **B** garantit la non-discrimination des fonctionnaires

6. Le fonctionnaire a un droit acquis au maintien de son traitement.
- ☐ **A** Vrai
- ☐ **B** Faux

7. Un agent d'une mairie travaillant à l'accueil de l'hôtel de ville peut interrompre son travail pour aller prier :
- ☐ **A** oui, mais seulement si aucun usager n'est à ce moment-là présent à l'accueil
- ☐ **B** non
- ☐ **C** oui, c'est conforme à sa liberté de conscience

Comprendre la fonction publique

Les obligations des fonctionnaires

QCM 9

Choisissez la ou les réponse(s) exacte(s).

1. La formation est un droit et une obligation pour le fonctionnaire.
- ▢ **A** Vrai
- ▢ **B** Faux

2. L'obligation de discrétion professionnelle :
- ▢ **A** ne s'impose pas aux agents non titulaires
- ▢ **B** s'impose à tous les agents
- ▢ **C** ne s'impose qu'aux agents de catégorie A

3. La corruption passive est un manquement à :
- ▢ **A** l'obligation de service
- ▢ **B** l'obligation de probité
- ▢ **C** l'obligation d'intégrité

4. Lorsqu'il est dit que les fonctionnaires ont une « obligation de réserve », cela signifie qu'ils :
- ▢ **A** ne disposent pas de la liberté d'expression
- ▢ **B** doivent tenir des propos mesurés dans leur contenu lorsqu'ils s'expriment sur leur administration
- ▢ **C** ne doivent rien révéler sur l'administration

5. Un fonctionnaire peut exercer une activité complémentaire de production d'œuvre de l'esprit (littérature, musique, arts graphiques) :
- ▢ **A** seulement si cette activité n'est pas lucrative
- ▢ **B** dans la mesure où elle est exercée à titre accessoire
- ▢ **C** sous réserve ne pas porter notamment à la neutralité du service

6. L'obligation d'obéissance hiérarchique est :
- ▢ **A** absolue : un agent doit obéir à tous les ordres, quels qu'ils soient
- ▢ **B** importante, mais limitée
- ▢ **C** à adapter en fonction du donneur d'ordre

7. Le secret professionnel concerne uniquement certains corps ou cadre d'emplois.
- ▢ **A** Vrai
- ▢ **B** Faux

Les sanctions disciplinaires

QCM 10

Choisissez la ou les réponse(s) exacte(s).

1. Laquelle de ces sanctions disciplinaires est la moins importante ?
- ▢ **A** le blâme
- ▢ **B** l'abaissement d'échelon
- ▢ **C** la radiation du tableau d'avancement
- ▢ **D** la révocation

2. Une faute exposant un fonctionnaire à une sanction disciplinaire l'exonère de toute condamnation pénale.
- ▢ **A** Vrai
- ▢ **B** Faux

3. Dans un conseil régional, qui détient le pouvoir disciplinaire ?
- ▢ **A** le président du Conseil régional
- ▢ **B** le directeur des ressources humaines
- ▢ **C** le juge administratif
- ▢ **D** la commission administrative paritaire

4. Un fonctionnaire qui, dans l'exercice de ses fonctions, a connaissance d'un crime ou d'un délit, et qui en informe le procureur de la République, est susceptible d'être sanctionné pour manquement à ses obligations.
- ▢ **A** Vrai
- ▢ **B** Faux

5. Laquelle de ces affirmations concernant les sanctions est fausse ?
- ▢ **A** la sanction ne peut être rétroactive
- ▢ **B** la sanction doit être motivée
- ▢ **C** plusieurs sanctions peuvent être prononcées en raison des mêmes faits
- ▢ **D** la sanction doit être proportionnée à la faute commise

6. La consultation du conseil de discipline est :
- ▢ **A** obligatoire dans tous les cas de sanction
- ▢ **B** obligatoire seulement dans les cas de radiation
- ▢ **C** obligatoire, à l'exception des cas d'avertissement ou de blâme
- ▢ **D** facultative dans tous les cas

Comprendre la fonction publique

La formation tout au long de la vie

QCM 11

Choisissez la ou les réponse(s) exacte(s).

1. Le compte personnel de formation :

❑ **A** remplace le droit individuel à la formation
❑ **B** correspond au compte personnel d'activité
❑ **C** comporte 24 heures maximum de formation par an, dans la limite de 120 heures

2. Ne pas avoir fait la formation d'intégration n'empêche pas la titularisation de l'agent.

❑ **A** Vrai
❑ **B** Faux

3. La formation tout au long de la carrière ne s'applique qu'aux agents de catégorie A.

❑ **A** Vrai
❑ **B** Faux

4. La loi du 19 février 2007 n'autorise pas le DIF dans la FPT.

❑ **A** Vrai
❑ **B** Faux

5. Le sigle CPA signifie :

❑ **A** compte personnel d'activité
❑ **B** compte professionnel d'activité

6. Le CPA :

❑ **A** est en place depuis le 1er janvier 2017
❑ **B** a intégré d'office le DIF
❑ **C** n'est pas transférable du privé vers le public et inversement

7. La formation d'intégration et la formation de professionnalisation au premier emploi font partie des formations statutaires.

❑ **A** Vrai
❑ **B** Faux

8. Dans la FPT, le Compte Personnel d'Activité est constitué de :

❑ **A** d'un compte unique – le CPA
❑ **B** de 2 comptes
❑ **C** de 3 comptes

Comprendre la fonction publique

L'administration de la fonction publique

QCM 12

Choisissez la ou les réponse(s) exacte(s).

1. Le sigle CAP signifie Capacité d'admission professionnelle.
☐ **A** Vrai
☐ **B** Faux

2. La CAP s'occupe de la situation individuelle des agents.
☐ **A** Vrai
☐ **B** Faux

3. Les centres de gestion sont des établissements publics.
☐ **A** Vrai
☐ **B** Faux

4. Le sigle CNFPT signifie Centre national de la formation professionnelle territoriale.
☐ **A** Vrai
☐ **B** Faux

5. Le Comité Social est issu de la fusion de deux comités.
☐ **A** Vrai
☐ **B** Faux

6. Le Premier ministre est l'un des organes centraux de l'administration de la fonction publique.
☐ **A** Vrai
☐ **B** Faux

7. Les centres de gestion sont des organes paritaires.
☐ **A** Vrai
☐ **B** Faux

8. Depuis la création de la fonction publique, un ministre d'État en a toujours été en charge.
☐ **A** Vrai
☐ **B** Faux

Comprendre la fonction publique

La loi de transformation de la fonction publique

QCM 13

Choisissez la ou les réponse(s) exacte(s).

1. À quelle date précise la loi de transformation de la fonction publique a-t-elle été votée ?
- ☐ **A** 20 avril
- ☐ **B** 26 juillet
- ☐ **C** 6 août
- ☐ **D** 19 octobre

2. Comment se nomme l'instance unique de dialogue social créée par la loi de transformation de la fonction publique ?
- ☐ **A** la commission d'administration
- ☐ **B** le comité social
- ☐ **C** le comité technique territorial
- ☐ **D** la commission sociale

3. Chassez l'intrus. La loi de transformation de la fonction publique vise 5 objectifs déclinés autour de 5 titres.
- ☐ **A** renforcer l'égalité professionnelle
- ☐ **B** favoriser la mobilité
- ☐ **C** promouvoir le dialogue social
- ☐ **D** lutter contre les inégalités de rémunération
- ☐ **E** simplifier la gestion des ressources humaines

4. La loi de transformation de la fonction publique harmonise le temps de travail entre les agents de la fonction publique ainsi qu'avec le secteur privé. Quelle en est la durée légale ?
- ☐ **A** 1 504 heures
- ☐ **B** 1 607 heures
- ☐ **C** 1 880 heures

5. Parmi les dispositions relatives aux contractuels citées ci-dessous, laquelle est fausse ?
- ☐ **A** la création d'un contrat de projet
- ☐ **B** le dispositif de rupture conventionnelle
- ☐ **C** l'organisation de concours locaux à affectation nationale

6. La loi du 6 août 2019 modifie le droit de grève.
- ☐ **A** Vrai
- ☐ **B** Faux

L'État

QCM 14

Choisissez la ou les réponse(s) exacte(s).

1. Un pays est considéré comme un État s'il est doté d'un territoire, d'une population et d'une autorité publique.
- ▢ **A** Vrai
- ▢ **B** Faux

2. L'État se définit comme :
- ▢ **A** une institution politique
- ▢ **B** une personne morale
- ▢ **C** une personne publique

3. Un État de droit est un État qui :
- ▢ **A** décide de l'ensemble des normes et lois qui régit la vie en société, l'ordre, l'activité économique
- ▢ **B** respecte et s'applique à lui-même les normes et lois qu'il a lui-même définies

4. L'État français est un État de droit fondé sur la séparation des pouvoirs.
- ▢ **A** Vrai
- ▢ **B** Faux

5. D'un point de vue juridique, l'État est défini comme :
- ▢ **A** une personne morale souveraine
- ▢ **B** une personne physique de droit public

6. Une personne morale est :
- ▢ **A** la réunion de plusieurs personnes physiques
- ▢ **B** un patrimoine
- ▢ **C** une entité abstraite dotée de la personnalité juridique

7. Le droit public régit les rapports entre :
- ▢ **A** les particuliers
- ▢ **B** les institutions

8. Sur le plan externe, la souveraineté de l'État signifie que :
- ▢ **A** l'État est sous la tutelle des autres États
- ▢ **B** l'État est indépendant à l'égard des autres États

Comprendre l'organisation nationale de l'État

L'organisation administrative de l'État

QCM 15

Choisissez la ou les réponse(s) exacte(s).

1. Le texte fondamental qui prévoit l'organisation de l'État, le fonctionnement des institutions et qui garantit des droits aux citoyens est :
- ▢ **A** la Déclaration des droits de l'Homme et du Citoyen
- ▢ **B** une Constitution
- ▢ **C** une loi organique

2. L'ensemble de règles de droit qui régit l'organisation et le fonctionnement de l'État, de l'administration et des collectivités territoriales est le droit administratif.
- ▢ **A** Vrai
- ▢ **B** Faux

3. La Constitution met en place un ensemble de règles juridiques.
- ▢ **A** Vrai
- ▢ **B** Faux

4. Chassez l'intrus. La Constitution doit déterminer :
- ▢ **A** la nature des citoyens
- ▢ **B** la nature de l'État
- ▢ **C** l'ensemble des droits et libertés
- ▢ **D** les relations entre les pouvoirs publics

5. L'actuelle Constitution française porte officiellement la date du :
- ▢ **A** 1er juin 1958
- ▢ **B** 28 septembre 1958
- ▢ **C** 4 octobre 1958

6. Un des pouvoirs suivants n'appartient pas à la théorie de la séparation des pouvoirs. Lequel ?
- ▢ **A** Le pouvoir judiciaire
- ▢ **B** Le pouvoir légitime
- ▢ **C** Le pouvoir exécutif

7. Le pouvoir législatif est exercé par :
- ▢ **A** le Sénat
- ▢ **B** le Parlement
- ▢ **C** l'Assemblée nationale

Comprendre l'organisation nationale de l'État

Hiérarchie juridique et actes administratifs

QCM 16

Choisissez la ou les réponse(s) exacte(s).

1. Dans la hiérarchie des normes :
- ▢ **A** la loi prime sur le règlement
- ▢ **B** la loi prime sur la Constitution
- ▢ **C** la loi prime sur le traité international

2. Un décret est un texte qui émane :
- ▢ **A** du pouvoir exécutif
- ▢ **B** du pouvoir législatif
- ▢ **C** du pouvoir judiciaire

3. Un arrêté municipal ne doit pas contenir d'élément contraire à la Déclaration des droits de l'homme et du citoyen.
- ▢ **A** Vrai
- ▢ **B** Faux

4. Le gouvernement propose au Parlement des propositions de lois.
- ▢ **A** Vrai
- ▢ **B** Faux

17

QCM

Comprendre l'organisation nationale de l'État

L'État français avant la loi du 2 mars 1982

QCM 17

Choisissez la ou les réponse(s) exacte(s).

1. L'État français a été un État centralisé et peu déconcentré jusqu'en :
- ☐ **A** 1982
- ☐ **B** 1992

2. Dans cet État centralisé, l'État détenait toutes les compétences.
- ☐ **A** Vrai
- ☐ **B** Faux

3. Un État possède des compétences obligatoires dont il ne peut se dessaisir. Fonctions fondamentales de l'État, à caractère national, ces compétences sont dites :
- ☐ **A** réglementaires
- ☐ **B** régaliennes
- ☐ **C** régicides

4. Un État peut s'attribuer des compétences autres que ses compétences obligatoires.
- ☐ **A** Vrai
- ☐ **B** Faux

5. L'État français est une personne morale de droit public.
- ☐ **A** Vrai
- ☐ **B** Faux

6. Avant la loi du 2 mars 1982, le principal représentant de l'État est :
- ☐ **A** le préfet de région
- ☐ **B** le préfet de département

7. Dans cet État centralisé, il n'existait pas de collectivités territoriales.
- ☐ **A** Vrai
- ☐ **B** Faux

Comprendre l'organisation nationale de l'État

L'État français après la loi du 2 mars 1982

QCM 18

Choisissez la ou les réponse(s) exacte(s).

1. L'État français est un État :
- ▢ **A** fédéral
- ▢ **B** unitaire
- ▢ **C** régional

2. Les trois principales circonscriptions administratives de droit commun sont :
- ▢ **A** la commune, le département, la région
- ▢ **B** la commune, le canton, le département
- ▢ **C** le département, l'académie, la région

3. Un préfet est :
- ▢ **A** élu
- ▢ **B** nommé
- ▢ **C** désigné par les grands électeurs

4. La loi du 2 mars 1982 est :
- ▢ **A** relative à l'administration territoriale de la République
- ▢ **B** relative aux droits et libertés des communes, des départements et des régions
- ▢ **C** relative à la Réforme des collectivités territoriales

5. Le préfet contrôle *a priori* la légalité des actes émis par les collectivités territoriales.
- ▢ **A** Vrai
- ▢ **B** Faux

6. Si le territoire géographique du département existe depuis 1790, le département n'est devenu une personne morale, juridiquement autonome, qu'en 1982.
- ▢ **A** Vrai
- ▢ **B** Faux

7. Dans quels domaines le préfet de département échappe-t-il à l'autorité du préfet de région ?
- ▢ **A** Contrôle de légalité, ordre public et sécurité des populations, étrangers
- ▢ **B** Contrôle budgétaire, urbanisme, aire d'accueil des gens du voyage
- ▢ **C** Plans ORSEC, installations classées et arrêtés « sécheresse »

Comprendre l'organisation nationale de l'État

Déconcentration – Décentralisation

QCM 19

Choisissez la ou les réponse(s) exacte(s).

1. La déconcentration et la décentralisation sont deux systèmes d'organisation administrative complémentaires.
- ☐ **A** Vrai
- ☐ **B** Faux

2. Les autorités déconcentrées administrent librement les affaires locales.
- ☐ **A** Vrai
- ☐ **B** Faux

3. La décentralisation en France :
- ☐ **A** s'est traduite par le transfert de compétences vers les collectivités territoriales
- ☐ **B** s'est traduite par le transfert de services de l'État vers des échelons inférieurs
- ☐ **C** s'est accompagnée de transferts de moyens
- ☐ **D** s'est accompagnée d'un pouvoir de tutelle sur les autorités décentralisées

4. La décentralisation n'est pas une délégation de pouvoirs de l'État vers les communes.
- ☐ **A** Vrai
- ☐ **B** Faux

5. Le pouvoir hiérarchique encadre :
- ☐ **A** la décentralisation
- ☐ **B** la déconcentration

6. Sont des autorités déconcentrées :
- ☐ **A** le Premier ministre
- ☐ **B** le préfet
- ☐ **C** le recteur d'académie
- ☐ **D** le maire

7. La décentralisation a créé de multiples nouveaux centres de décision sur le territoire.
- ☐ **A** Vrai
- ☐ **B** Faux

Comprendre l'organisation nationale de l'État

Les représentants de l'État déconcentré

QCM 20

Choisissez la ou les réponse(s) exacte(s).

1. La direction départementale de la jeunesse et des sports est :
- ▢ **A** un service déconcentré de l'État
- ▢ **B** un service décentralisé de l'État
- ▢ **C** une autorité administrative indépendante

2. Comme le président de la République avec l'Assemblée nationale, le maire peut dissoudre le conseil municipal.
- ▢ **A** Vrai
- ▢ **B** Faux

3. Au nom de ses pouvoirs de police, le maire ne peut pas prendre un arrêté qui :
- ▢ **A** fixe un couvre-feu pour les mineurs de 13 ans
- ▢ **B** interdit de se promener torse nu dans les rues de la ville
- ▢ **C** interdit aux étrangers de s'installer dans la commune

4. Le préfet est :
- ▢ **A** le chef hiérarchique de chaque service déconcentré
- ▢ **B** le représentant exclusif du ministre de l'Intérieur
- ▢ **C** le représentant direct du Premier ministre
- ▢ **D** le représentant direct de chacun des ministres

5. Les compétences du maire, en tant qu'agent déconcentré de l'État, sont :
- ▢ **A** la gestion de l'état civil
- ▢ **B** l'organisation des élections
- ▢ **C** l'entretien et la gestion des collèges
- ▢ **D** la préparation du budget communal

6. Dans la liste ci-dessous, trouvez l'intrus.
- ▢ **A** Jacques Chirac
- ▢ **B** Nicolas Sarkozy
- ▢ **C** François Hollande
- ▢ **D** Emmanuel Macron

Comprendre l'organisation territoriale de l'État

Les collectivités territoriales

QCM 21

Choisissez la ou les réponse(s) exacte(s).

1. Les catégories de collectivités territoriales sont au nombre de :

- ▢ **A** 2
- ▢ **B** 5
- ▢ **C** 3

2. Au 1er janvier 2019, le nombre de communes françaises (métropolie et DOM) avoisinait les :

- ▢ **A** 34 000
- ▢ **B** 35 000
- ▢ **C** 36 000

3. La définition et l'organisation d'une collectivité territoriale sont déterminées par :

- ▢ **A** la Constitution
- ▢ **B** la Constitution et des décrets
- ▢ **C** la Constitution, des lois et des décrets

4. Est une collectivité territoriale :

- ▢ **A** la communauté d'agglomération
- ▢ **B** la région
- ▢ **C** la métropole de Lyon

5. Les trois collectivités territoriales que sont les communes, les départements et les régions relèvent chacune d'une catégorie particulière.

- ▢ **A** Vrai
- ▢ **B** Faux

6. Les régions ont été créées par :

- ▢ **A** la loi du 13 août 2004
- ▢ **B** la révision constitutionnelle du 28 mars 2003
- ▢ **C** la loi du 2 mars 1982

7. Si le territoire géographique du département existe depuis 1790, le département n'est devenu une personne morale juridiquement responsable qu'en 1982.

- ▢ **A** Vrai
- ▢ **B** Faux

8. Quelle est désormais la dénomination administrative exacte de la Corse ?

- ▢ **A** Région de Corse
- ▢ **B** Collectivité de Corse
- ▢ **C** Collectivité territoriale de Corse

Comprendre l'organisation territoriale de l'État

Les convergences entre les trois collectivités territoriales

QCM 22

Choisissez la ou les réponse(s) exacte(s).

1. La région est un établissement public.
- ▢ **A** Vrai
- ▢ **B** Faux

2. Une collectivité territoriale est :
- ▢ **A** une autorité administrative dépendante de l'administration de l'État
- ▢ **B** une autorité administrative distincte de l'administration de l'État

3. Selon le principe de la libre administration, les collectivités territoriales :
- ▢ **A** déterminent librement leurs champs de compétences
- ▢ **B** s'administrent librement par des conseils élus
- ▢ **C** agissent librement hors de tout contrôle

4. Le président du Conseil régional est :
- ▢ **A** nommé en Conseil des ministres
- ▢ **B** élu au suffrage universel direct
- ▢ **C** élu par les conseillers régionaux

5. Les juridictions qui contrôlent les comptes et la gestion des collectivités territoriales sont les :
- ▢ **A** Cour régionales de comptabilité
- ▢ **B** Comités de régulation comptable
- ▢ **C** Chambres régionales des comptes

6. Dans la Constitution de la Ve République, l'article concernant les collectivités est l'article :
- ▢ **A** 11
- ▢ **B** 16
- ▢ **C** 49-3
- ▢ **D** 72

7. La collectivité territoriale « région » est hiérarchiquement supérieure au département et à la commune.
- ▢ **A** Vrai
- ▢ **B** Faux

Comprendre l'organisation territoriale de l'État

Les divergences entre les trois collectivités territoriales

QCM 23

Choisissez la ou les réponse(s) exacte(s).

1. Dans les communes, l'état civil est un service de l'État.
- ▢ **A** Vrai
- ▢ **B** Faux

2. Les autorités déconcentrées administrent librement les affaires locales.
- ▢ **A** Vrai
- ▢ **B** Faux

3. Dans les communes, la mise en place des élections est une compétence de l'État.
- ▢ **A** Vrai
- ▢ **B** Faux

4. À quelles dates les premières élections régionales ont-elles eu lieu ?
- ▢ **A** 1983
- ▢ **B** 1996
- ▢ **C** 1986

5. Que signifie le sigle CESER ?
- ▢ **A** Conférence d'Économie Sociale d'Évolution Régionale
- ▢ **B** Comité Économique et Social d'Évaluation de la République
- ▢ **C** Conseil Économique, Social et Environnemental Régional

6. Le département est chef de file en matière :
- ▢ **A** d'action sociale
- ▢ **B** de formation professionnelle
- ▢ **C** de gestion des équipements culturels

7. La région, le département, la commune sont :
- ▢ **A** subordonnés les uns aux autres
- ▢ **B** autonomes
- ▢ **C** subordonnés, pour le département et la commune, à la région

8. Seul le département dispose de la clause générale de compétence.
- ▢ **A** Vrai
- ▢ **B** Faux

Les spécificités de la commune

QCM 24

Choisissez la ou les réponse(s) exacte(s).

1. Le maire est élu par les citoyens au suffrage universel direct.
- ▢ **A** Vrai
- ▢ **B** Faux

2. Le maire organise les élections, publie et exécute les textes officiels, participe au recensement de la population sous le contrôle administratif du :
- ▢ **A** procureur de la République
- ▢ **B** président du Tribunal de Grande Instance
- ▢ **C** préfet

3. Une commune peut construire et équiper un collège.
- ▢ **A** Vrai
- ▢ **B** Faux

4. Un député ou un sénateur peut être en même temps maire.
- ▢ **A** Vrai
- ▢ **B** Faux

5. Un agent de la commune peut se présenter aux élections municipales de la commune.
- ▢ **A** Vrai
- ▢ **B** Faux

6. Le maire a des pouvoirs de police.
- ▢ **A** Vrai
- ▢ **B** Faux

7. Le maire n'est pas autorisé à se mettre en grève.
- ▢ **A** Vrai
- ▢ **B** Faux

8. Une commune choisit librement le nombre d'adjoints au maire.
- ▢ **A** Vrai
- ▢ **B** Faux

9. Le maire est :
- ▢ **A** l'organe exécutif de la commune
- ▢ **B** un agent de l'État
- ▢ **C** le supérieur hiérarchique des agents de la commune

25

QCM

Comprendre l'organisation territoriale de l'État

La coopération intercommunale

QCM 25

Choisissez la ou les réponse(s) exacte(s).

1. Le sigle EPCI signifie :
- ▢ **A** Établissement Public de Coopération Indépendant
- ▢ **B** Établissement Public de Coopération Intercommunale

2. Le terme « intercommunalité » désigne :
- ▢ **A** une forme de coopération entre communes
- ▢ **B** une forme de coopération entre collectivités territoriales
- ▢ **C** une structure administrative

3. Il existe trois catégories différentes de coopération intercommunale.
- ▢ **A** Vrai
- ▢ **B** Faux

4. Sauf exception, toute commune est obligatoirement rattachée à un EPCI à fiscalité propre.
- ▢ **A** Vrai
- ▢ **B** Faux

5. Toutes les catégories de structures intercommunales peuvent lever l'impôt.
- ▢ **A** Vrai
- ▢ **B** Faux

6. Comment s'appelle l'organe délibérant d'une communauté de communes ?
- ▢ **A** Le conseil communautaire
- ▢ **B** Le comité communautaire
- ▢ **C** Le bureau communautaire

7. Un EPCI à fiscalité propre est de forme associative.
- ▢ **A** Vrai
- ▢ **B** Faux

8. Tous les EPCI à fiscalité propre ont des compétences obligatoires, optionnelles et facultatives.
- ▢ **A** Vrai
- ▢ **B** Faux

La commune nouvelle

QCM 26

Choisissez la ou les réponse(s) exacte(s).

1. La « commune nouvelle » a été instaurée par :
- ▢ **A** la loi MAPTAM du 24 janvier 2014
- ▢ **B** la loi de Réforme des collectivités territoriales du 16 décembre 2010
- ▢ **C** la loi dite « Marcellin » du 16 juillet 1971
- ▢ **D** la loi du 16 mars 2015

2. La « commune nouvelle » est issue :
- ▢ **A** d'un regroupement volontaire de communes au profit d'une seule
- ▢ **B** d'un regroupement imposé de communes au profit d'une seule
- ▢ **C** d'une fusion de plusieurs communes au profit d'une seule

3. Le législateur a créé la commune nouvelle :
- ▢ **A** pour arrêter l'expansion des EPCI à fiscalité propre
- ▢ **B** pour lutter contre l'émiettement communal

4. Les élus communaux créent une commune nouvelle :
- ▢ **A** pour compenser la baisse des dotations de l'État
- ▢ **B** pour renforcer leur position au sein des EPCI
- ▢ **C** pour préserver l'avenir du périmètre communal
- ▢ **D** pour maintenir l'expression de la démocratie locale

5. La commune nouvelle est :
- ▢ **A** une communauté de communes
- ▢ **B** une collectivité territoriale
- ▢ **C** un EPCI

6. Au sein d'une commune nouvelle, les anciennes communes :
- ▢ **A** ne sont plus une collectivité territoriale
- ▢ **B** peuvent devenir des communes déléguées
- ▢ **C** ne demeurent pas une division administrative de la France
- ▢ **D** ne possèdent plus aucune compétence

7. La loi du 1er août 2019, dite loi « Gatel », met en place un nouveau dispositif de « commune-communauté ».
- ▢ **A** Vrai
- ▢ **B** Faux

Comprendre l'organisation territoriale de l'État

La réforme administrative de l'État et des collectivités territoriales

QCM 27

Choisissez la ou les réponse(s) exacte(s).

1. La loi portant sur les droits et obligations des fonctionnaires date du :
- ☐ **A** 2 mars 1982
- ☐ **B** 13 juillet 1983

2. La « commune nouvelle » a été instaurée par :
- ☐ **A** la loi MAPTAM du 24 janvier 2014
- ☐ **B** la loi de Réforme des collectivités territoriales du 16 décembre 2010

3. La loi du 7 août 2015 portant Nouvelle organisation territoriale de la République (loi NOTRe) a établi des collectivités territoriales chef de file.
- ☐ **A** Vrai
- ☐ **B** Faux

4. La loi portant dispositions statutaires relatives à la fonction publique territoriale date du :
- ☐ **A** 13 juillet 1983
- ☐ **B** 26 janvier 1984

5. Les modes de scrutin aux élections communautaires ont été modifiés par la loi du :
- ☐ **A** 2 mars 2013
- ☐ **B** 17 mai 2013

6. La loi du 12 juillet 1999 relative au renforcement et à la simplification de la coopération intercommunale est également dite loi Mitterrand :
- ☐ **A** Vrai
- ☐ **B** Faux

7. La loi du 13 août 2004 concerne :
- ☐ **A** les collectivités territoriales
- ☐ **B** les communes nouvelles

8. La loi de transformation de la fonction publique ne concerne que la FPE.
- ☐ **A** Vrai
- ☐ **B** Faux

Comprendre le fonctionnement des collectivités territoriales

Le pouvoir réglementaire des collectivités territoriales

QCM 28

Choisissez la ou les réponse(s) exacte(s).

1. Le pouvoir réglementaire est le pouvoir dont disposent :
- ▢ **A** les autorités exécutives
- ▢ **B** les autorités législatives

2. Le pouvoir règlementaire des collectivités territoriales n'a cessé de croître par le recours à :
- ▢ **A** l'essai
- ▢ **B** l'expérimentation.
- ▢ **C** l'expérience

3. Par rapport au pouvoir réglementaire du Premier ministre, le pouvoir réglementaire local est :
- ▢ **A** résiduel et subsidiaire
- ▢ **B** résistant et superfétatoire

4. Le pouvoir règlementaire des collectivités territoriales n'a cessé de croître grâce à l'extension de :
- ▢ **A** leur domaine des connaissance
- ▢ **B** leur domaine des compétences

5. L'expérimentation est valable pendant une durée limitée et sur un objet précis.
- ▢ **A** Vrai
- ▢ **B** Faux

6. Le président de la République, le Premier ministre, le préfet, les ministres et les collectivités territoriales disposent du pouvoir réglementaire.
- ▢ **A** Vrai
- ▢ **B** Faux

7. Les collectivités territoriales peuvent être à l'origine de l'expérimentation.
- ▢ **A** Vrai
- ▢ **B** Faux

Comprendre le fonctionnement des collectivités territoriales

Les actes administratifs des collectivités territoriales

QCM 29

Choisissez la ou les réponse(s) exacte(s).

1. Depuis la loi du 2 mars 1982 relative aux droits et libertés des communes, départements et régions, le contrôle exercé par le préfet sur les actes des collectivités territoriales est :

- ☐ **A** un contrôle portant sur la légalité et l'opportunité des actes
- ☐ **B** un contrôle *a posteriori* des actes
- ☐ **C** un contrôle de légalité des actes
- ☐ **D** un contrôle *a priori* des actes

2. Un acte administratif est un acte juridique qui émane d'une autorité administrative et a pour finalité l'intérêt général.

- ☐ **A** Vrai
- ☐ **B** Faux

3. La Constitution a prévu la libre administration des collectivités territoriales par l'article :

- ☐ **A** 49
- ☐ **B** 72
- ☐ **C** 95

4. Les actes administratifs sont classés en deux grandes familles : les actes unilatéraux et les actes contractuels.

- ☐ **A** Vrai
- ☐ **B** Faux

5. Les actes unilatéraux réglementaires ont :

- ☐ **A** une portée générale
- ☐ **B** une portée individuelle

6. Les contrats conclus par l'administration sont appelés « contrats administratifs ».

- ☐ **A** Vrai
- ☐ **B** Faux

7. Les principaux types de contrats administratifs sont au nombre de trois.

- ☐ **A** Vrai
- ☐ **B** Faux

Comprendre le fonctionnement des collectivités territoriales

Le service public

QCM 30

Choisissez la ou les réponse(s) exacte(s).

1. Les principes du service public sont : égalité, continuité et gratuité.
- ▢ **A** Vrai
- ▢ **B** Faux

2. Créer un service public fait augmenter les impôts.
- ▢ **A** Vrai
- ▢ **B** Faux

3. Un service public est créé pour répondre à un besoin de la population.
- ▢ **A** Vrai
- ▢ **B** Faux

4. Une commune ne peut pas créer un service à la population s'il n'y a pas carence de l'initiative privée.
- ▢ **A** Vrai
- ▢ **B** Faux

5. Une personne de droit privé peut prendre en charge une mission de service public.
- ▢ **A** Vrai
- ▢ **B** Faux

6. La délégation de service public désigne le fait qu'une collectivité territoriale délègue à une autre personne morale la gestion d'une mission de service public.
- ▢ **A** Vrai
- ▢ **B** Faux

7. La création d'un service public est décidée par l'organe délibérant.
- ▢ **A** Vrai
- ▢ **B** Faux

8. Un établissement public est une personne morale, dotée de la personnalité juridique, à qui est confiée une mission de service public.
- ▢ **A** Vrai
- ▢ **B** Faux

Comprendre les finances publiques locales

Présentation générale

QCM 31

Choisissez la ou les réponse(s) exacte(s).

1. L'autonomie financière des collectivités territoriales est induite par :
- ▢ **A** le principe de libre administration
- ▢ **B** le principe de spécialité
- ▢ **C** le principe d'exclusivité

2. Un mécanisme de contractualisation entre l'État et les 322 plus grandes collectivités a été lancé en :
- ▢ A 2016
- ▢ B 2018
- ▢ C 2020

3. Le budget est un acte :
- ▢ **A** administratif
- ▢ **B** d'autorisation
- ▢ **C** politique
- ▢ **D** de prévision

4. Chassez l'intrus. Constituent des ressources propres :
- ▢ **A** le produit des impositions
- ▢ **B** les emprunts
- ▢ **C** les redevances pour service rendu ;
- ▢ **D** les produits du domaine, participations d'urbanisme, produits financiers, dons et legs.

5. L'autonomie financière des collectivités territoriales a été consacrée par la loi organique n° 2004-758 du 29 juillet 2004.
- ▢ **A** Vrai
- ▢ **B** Faux

6. Les juridictions qui contrôlent les comptes et la gestion des collectivités territoriales sont les :
- ▢ **A** Cour régionales de comptabilité
- ▢ **B** Comités de régulation comptable
- ▢ **C** Chambres régionales des comptes

7. Les frais de crèche payés par les parents vont à l'État.
- ▢ **A** Vrai
- ▢ **B** Faux

Les grands principes budgétaires

QCM 32

Choisissez la ou les réponse(s) exacte(s).

1. Les grands principes budgétaires sont au nombre de :
- ▢ **A** 2
- ▢ **B** 4
- ▢ **C** 6

2. Lequel de ces trois mots ne désigne pas un grand principe budgétaire ?
- ▢ **A** annualité
- ▢ **B** postériorité
- ▢ **C** universalité

3. L'équilibre budgétaire d'une collectivité territoriale doit être réel, c'est-à-dire :
- ▢ **A** arithmétique et sincère
- ▢ **B** transparent et honnête
- ▢ **C** légal et prévisionnel

4. L'année budgétaire commence le :
- ▢ **A** 1er janvier
- ▢ **B** 1er avril
- ▢ **C** 1er juillet

5. Les règles budgétaires sont au nombre de :
- ▢ **A** 2
- ▢ **B** 3
- ▢ **C** 4

6. Lequel de ces trois mots ne désigne pas une règle budgétaire ?
- ▢ **A** transparence
- ▢ **B** prudence
- ▢ **C** prescience

7. Le budget d'une collectivité territoriale et d'un EPCI est voté pour une année civile.
- ▢ **A** Vrai
- ▢ **B** Faux

8. L'unité budgétaire impose :
- ▢ **A** un document unique contenant l'ensemble des recettes et des dépenses
- ▢ **B** un document contenant l'ensemble des recettes et un document contenant l'ensemble des dépenses

Comprendre les finances publiques locales

Structure et élaboration du budget

QCM 33

Choisissez la ou les réponse(s) exacte(s).

1. Le budget est préparé par l'exécutif local.
- ▢ **A** Vrai
- ▢ **B** Faux

2. En droit des finances publiques, il existe un principe fondamental :
- ▢ **A** le principe de libre administration
- ▢ **B** le principe de séparation
- ▢ **C** le principe d'exclusivité

3. L'organe payeur des collectivités territoriales s'appelle :
- ▢ **A** le Crédit lyonnais
- ▢ **B** la Poste
- ▢ **C** le Trésor public

4. Le comptable public peut être associé à la préparation du budget.
- ▢ **A** Vrai
- ▢ **B** Faux

5. Le budget est soumis à un contrôle de légalité ainsi qu'à un contrôle budgétaire spécifique.
- ▢ **A** Vrai
- ▢ **B** Faux

6. Le budget comprend :
- ▢ **A** une section fonctionnement
- ▢ **B** une section endettement
- ▢ **C** une section investissement
- ▢ **D** une section autofinancement

7. L'élaboration d'un budget nécessite de respecter des étapes ordonnées ; indiquez celle qui apparaît dans le bon ordre.
- ▢ **A** déterminer les recettes d'investissement
- ▢ **B** déterminer les recettes de fonctionnement
- ▢ **C** calculer l'autofinancement brut
- ▢ **D** inscrire les dépenses d'investissement
- ▢ **E** inscrire les dépenses de fonctionnement

Les documents budgétaires

QCM 34

Choisissez la ou les réponse(s) exacte(s).

1. La dernière loi ayant prévu de nouvelles obligations relatives à la présentation et à l'élaboration des budgets locaux est :
- ☐ **A** la loi du 27 janvier 2014
- ☐ **B** la loi du 16 mars 2015
- ☐ **C** la loi du 7 août 2015

2. Le débat d'orientation budgétaire – DOB :
- ☐ **A** a la portée juridique d'une décision
- ☐ **B** n'a pas de valeur juridique

3. Quel que soit le nombre d'habitants d'une collectivité ou d'un EPCI, le vote du budget doit être précédé d'un débat d'orientation budgétaire – DOB.
- ☐ **A** Vrai
- ☐ **B** Faux

4. Quelle que soit la catégorie de collectivités ou d'EPCI, le DOB doit avoir lieu dans les deux mois précédents l'adoption du budget.
- ☐ **A** Vrai
- ☐ **B** Faux

5. Les documents budgétaires sont au nombre de :
- ☐ **A** 3
- ☐ **B** 5
- ☐ **C** 7

6. Quel est l'intrus ?
- ☐ **A** documents budgétaires de prévision
- ☐ **B** documents budgétaires de modification
- ☐ **C** documents budgétaires de résultats

7. Le compte administratif de l'année N doit être arrêté pour le 30 juin N+1 :
- ☐ **A** Vrai
- ☐ **B** Faux

8. Le sigle BP signifie :
- ☐ **A** budget premier
- ☐ **B** budget prévisionnel
- ☐ **C** budget primitif

Comprendre les finances publiques locales

Vote, exécution et contrôle du budget

QCM 35

Choisissez la ou les réponse(s) exacte(s).

1. L'ordonnateur est l'autorité qui clôt l'exercice budgétaire *via* le compte de gestion.
- ▢ **A** Vrai
- ▢ **B** Faux

2. Le budget des collectivités territoriales et des EPCI doit être voté en :
- ▢ **A** équilibre réel
- ▢ **B** équilibre relatif
- ▢ **C** équilibre théorique

3. La comptabilité publique est tenue par des personnes distinctes au nombre de :
- ▢ **A** 2
- ▢ **B** 3
- ▢ **C** 4

4. Le vote du budget autorise l'exécutif :
- ▢ **A** à réaliser les dépenses inscrites au budget
- ▢ **B** à lever les recettes fiscales inscrites au budget
- ▢ **C** les deux

5. Dans une collectivité territoriale, le comptable est un agent :
- ▢ **A** fonctionnaire territorial
- ▢ **B** fonctionnaire de l'État

6. Le budget, une fois voté, ne peut être ni modifié ni complété en cours d'exécution par l'assemblée délibérante.
- ▢ **A** Vrai
- ▢ **B** Faux

7. Dans une commune, l'ordonnateur est :
- ▢ **A** le directeur des services
- ▢ **B** le directeur des affaires financières
- ▢ **C** le maire

8. Les missions de l'ordonnateur sont au nombre de :
- ▢ **A** 2
- ▢ **B** 3
- ▢ **C** 4

Comprendre les finances publiques locales

Les recettes des collectivités

QCM 36

Choisissez la ou les réponse(s) exacte(s).

1. Les principales recettes fiscales directes sont au nombre de :
- ▢ **A** 4
- ▢ **B** 5
- ▢ **C** 6

2. Une commune peut verser une subvention à une association culturelle.
- ▢ **A** Vrai
- ▢ **B** Faux

3. Les taux d'imposition, d'une commune à une autre, sont :
- ▢ **A** identiques
- ▢ **B** variables
- ▢ **C** homogènes

4. Le sigle ISF signifie impôt :
- ▢ **A** de solidarité sur la fortune
- ▢ **B** sans frontière
- ▢ **C** sur les fonds fictifs

5. Le sigle CET signifie :
- ▢ **A** compensation économique territoriale
- ▢ **B** cotisation économique territoriale
- ▢ **C** contribution économique territoriale

6. Le Trésor public encaisse notre chèque pour la taxe d'habitation et place (en partie) l'argent sur le compte en banque de notre commune.
- ▢ **A** Vrai
- ▢ **B** Faux

7. Le sigle DGF signifie :
- ▢ **A** dotation générale des finances
- ▢ **B** dotation générale financière
- ▢ **C** dotation globale de fonctionnement

8. Une commune ne peut pas recourir à l'emprunt pour acheter un terrain.
- ▢ **A** Vrai
- ▢ **B** Faux

37

QCM

Comprendre les finances publiques locales

Les dépenses des collectivités

QCM 37

Choisissez la ou les réponse(s) exacte(s).

1. Dépenses de fonctionnement et dépenses d'investissement sont séparées.
- ☐ **A** Vrai
- ☐ **B** Faux

2. Dépenses de fonctionnement et d'investissement doivent être équilibrées par rapport aux recettes de fonctionnement et d'investissement.
- ☐ **A** Vrai
- ☐ **B** Faux

3. Les dépenses d'investissement concernent :
- ☐ **A** les opérations courantes
- ☐ **B** les opérations en capital

4. Combien de catégories de dépenses existe-t-il ?
- ☐ **A** 2
- ☐ **B** 3
- ☐ **C** 4

5. Il est interdit aux collectivités et EPCI de subventionner les établissements :
- ☐ **A** culturels
- ☐ **B** cultuels
- ☐ **C** éducatifs

6. Dépenses et recettes peuvent être classées par :
- ☐ **A** fonction
- ☐ **B** service
- ☐ **C** nature

7. Le classement par nature permet de classer les dépenses et les recettes selon leur affectation.
- ☐ **A** Vrai
- ☐ **B** Faux

8. Le budget est obligatoirement voté par nature pour les collectivités dont la population est :
- ☐ **A** supérieure à 1 000 et inférieure à 3 500 habitants
- ☐ **B** supérieure à 3 500 et inférieure à 10 000 habitants
- ☐ **C** supérieure à 10 000 et inférieure à 350 000 habitants

Les marchés publics

QCM 38

Choisissez la ou les réponse(s) exacte(s).

1. Sur lequel de ces trois domaines ne porte pas l'objet d'un marché public ?
- ☐ **A** Les biens
- ☐ **B** Les fournitures
- ☐ **C** Les travaux

2. Fait l'objet d'un contrat toute dépense supérieure à :
- ☐ **A** 1 000 €
- ☐ **B** 500 €
- ☐ **C** 1 €

3. Chassez l'intrus. Un marché public est un contrat administratif qui répond à des besoins en matière de :
- ☐ **A** travaux
- ☐ **B** formations
- ☐ **C** services
- ☐ **D** fournitures

4. Jusqu'au 31 décembre 2019, les marchés publics peuvent se faire sans publicité ni mise en concurrence en dessous du seuil (HT) de :
- ☐ **A** 25 000 €
- ☐ **B** 30 000 €
- ☐ **C** 90 000 €

5. Au-dessous du seuil de 90 000 € (HT), l'acheteur public est libre de sa publicité :
- ☐ **A** Vrai
- ☐ **B** Faux

6. Le sigle BOAMP signifie :
- ☐ **A** Bulletin officiel des annonces de marchés publics
- ☐ **B** Bulletin des opérateurs associés aux marchés publics
- ☐ **C** Bulletin organisant l'accès aux marchés publics

7. Au 1er janvier 2020, en dessous de quel seuil les marchés publics pourront-ils se faire sans publicité ni mise en concurrence ?
- ☐ **A** 25 000 €
- ☐ **B** 40 000 €
- ☐ **C** 90 000 €

corrigés
foucherconnect.fr/2020PassFPModeemploi01

Conception maquette intérieure : Anne-Danielle Naname/Hung Ho Thanh
Mise en page : STDI

Achevé d'imprimer en France par Jouve-Print - 733, rue Saint-Léonard - 53100 Mayenne
N° d'impression : 2954488K - Dépôt légal n° 15828-7/01 - mai 2020

IMPRIM'VERT